Душегубский корабль „Тихушник"
Мрачный корабль
Магма
работорговое судно Страхолюдов (направляется к горам)
Внутренний океан
Северный остров
Навсегдашние скалы
корабль Берсерков
теснина Смерти
Остолопская публичная библиотека (закрыта для посетителей)
о. Забудка
Навечные скалы
кладбище Остолопов
Южный остров
деревня Остолопов
Остров Людоедов
Остолопский корабль
Острова Остолопов

КАК ПРИРУЧИТЬ ДРАКОНА

Об авторе

Иккинг Кровожадный Карасик III —
величайший герой-викинг всех времен.
Он прославился как великий воин, способный укротить дракона, не повысив голоса. Но эта книга его воспоминаний возвращает нас в те времена, когда Иккинг был мальчишкой и на собственном опыте постигал, как трудно быть героем.

Совершенно необязательно читать книги Иккинга по порядку. Но если вам очень хочется, то порядок (для начала) такой:

1. Как приручить дракона
2. Как стать пиратом
3. Как разговаривать по-драконьи
4. Как перехитрить дракона
5. Как разбудить дракона
6. Как одолеть дракона

ВНИМАНИЕ!

Если вам вдруг покажется, будто события этой книги имеют какое-то отношение к реальным историческим фактам, имейте в виду — это

ЧИСТАЯ СЛУЧАЙНОСТЬ.

МЫ ВАС ПРЕДУПРЕДИЛИ!

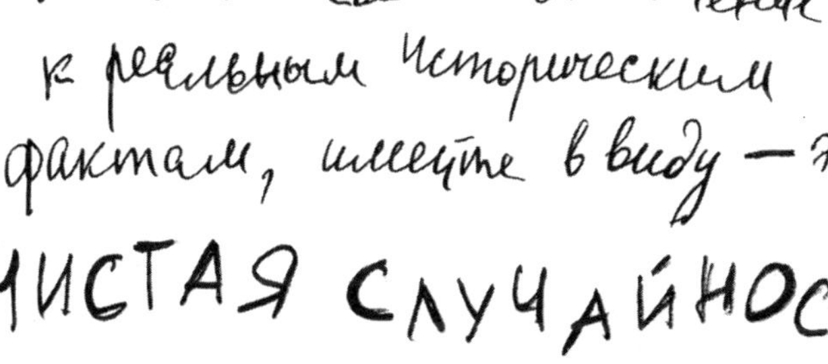

Посвящаю эту книгу ФРАНЧЕСКО

УДК 087.5
ББК 84(4Вел)-44
К 73

Перевод с английского *Анастасии Кузнецовой*
Иллюстрации в тексте *Крессиды Коуэлл*
Иллюстрация на обложке *Екатерины Платоновой*

Спасибо Тори Дорей за рисунки
и Сурион за все.

ISBN 978-5-389-07436-1

КАК ОДОЛЕТЬ ДРАКОНА

Сочинил ИККИНГ
КРОВОЖАДНЫЙ КАРАСИК III

Перевела с древненорвежского
КРЕССИДА КОУЭЛЛ

АЗБУКА
Санкт-Петербург

Хулиганский корабль
Остров Олух
Калибановы пещеры
(не суйтесь без необходимости)
Неприступная бухта
мыс Мертвая Голова
Обрыв Дикого Дракона
деревня Хулиганов
Чокнутый овраг
Самая Высокая гора (недавно пострадала от пожара)
Хулиганская гавань
Длинный пляж
бухта Черного Сердца
Мелкие о-ва
Раковинный пляж
Истерический корабль
Тупиковый мыс
о-ва Рока
Бродячий корабль
Шандарах-корабль
Бой-Бабий корабль
корабль Отщепенцев
Корабль Гостедавов

Душегубский корабль „Тихушник"
Мрачный корабль
Шпионский корабль Драчунов
корабль Магманьяков
работорговое судно „Страхолюдов (направляется к горам)
Северный остров
Навсегдашние скалы
корабль Берсерков
теснина Смерти
Остолопская публичная библиотека (закрыта для посетителей)
Внутренний океан
Навечные скалы
кладбище Остолопов
О. Забудька
Южный остров
деревня Остолопов
Остолопский корабль
Остров Людоедов
Острова Остолопов

ОТКРЫТЫЙ ОКЕАН
Небесный погост
Гора Душегубов
(Здесь живут чудовища:
Моредраконус Гигантикус,
Злокоготь, Смертедых)
ДУШЕГУБСКИЕ ГОРЫ
МАРОДЁРСКАЯ ГАВАНЬ
Последний приют
территория Воителя
РИФ
Где-то там
Америка
(если есть)
Летнее Течение
ЗАВТРА

Ничего
Замерзший остров
Ждающие ледяные острова
Ледяная теснина
Зимний ветер
Гостедавная земля
Отчаяние Чернобороды
Варварский архипелаг
Тупиковые острова
Шандарах
остров Черепушников
Угрюмое море
Молчанка
Негодяевка
Пролив Торова Гнева
Бой-бабьи острова
Истерия
Остров Магманьяков
Подземелья Драчунов
Зыбь
(берегись слизнеклыка)
Зыбучие пески

Ничего
Уклончивый мыс
Драконий нос
Земли Отщепенцев
Варварский архипелаг
Залив Разбитого Серд
остров Олух
Миролюбивая страна
Тихий остров
Море Под Названием Ваина Одина
острова Остолопов
Летнее течение
о. Берсерк
Лес-с-Завываниями
Безумный лабиринт
Загадка
Хляби
Где-то там Римская империя

Призрачные Болота
Ущелье Торова Грома
Материк
Фехтовальная школа „Гром и молния"
Кровавый залив - место драконьих кладок
Пылающий лес
Рабовладения Страхолюдов
(оставь надежду, всяк сюда входящий)

Это

Иккинг Кровожадный Карасик III, Наследный принц племени Лохматых Хулиганов

Иккинг — викинг и учится по Программе Начальной Пиратской Подготовки. Это примерно как сидеть в тюрьме, только оружие не отбирают и кормят гораздо хуже.

Про викингов можно сказать, что они Ужас Морей, Бич Цивилизации, великие Воины-Варвары Севера.

Про Иккинга можно сказать, что он вечно МОКРЫЙ.

На острове Олух часто идет дождь.

Вы в курсе, что в **драконьем** языке существует сто одно слово для обозначения дождя?

Иккинг знает их ВСЕ.

А это дракон Иккинга,

БЕЗЗУБИК

Беззубик — самый маленький охотничий дракон на свете. И зубов у него нет. Зато у него ОЧЕНЬ ТВЕРДЫЕ десны, так что кусается он будь здоров. Хотите убедиться — попробуйте отнять у него селедку, которую он стащил у вас с тарелки вот только что, пока вы отвлеклись.

Лучше всего — попрощайтесь с селедкой. Иногда бывают нужны все десять пальцев — чтобы драться на мечах, играть на арфе, да мало ли еще для чего.

Иногда Иккинг мечтает, чтобы Беззубик был большим-пребольшим драконом из породы ужасных чудовищ... Но он держит свои мечты при себе.

Это папа Иккинга,

ВОЖДЬ ПЛЕМЕНИ
ЛОХМАТЫХ ХУЛИГАНОВ
СТОИК ОБШИРНЫЙ,
ДА ТРЕПЕЩЕТ ВСЯКИЙ,
КТО УСЛЫШИТ ЕГО ИМЯ,
КХ, ГМ

Как видите, великий и грозный, но умом не блещет.

ВАЛГАЛЛАРАМА

Иккингова матушка постоянно отсутствует дома, потому что любит ходить в Геройские Походы. На рисунке маленький Иккинг изучает ее доспехи.

Это лучший друг Иккинга,

РЫБЬЕНОГ

Его дракониха, Жутьздорова, имеет вполне приличный для охотничьего дракона размер, но она вегетарианка и способна напугать разве что морковку.

Попав в смертельно опасную переделку, Рыбьеног обычно восклицает что-то вроде:

— О нет, неужели мы ОПЯТЬ сидим, окруженные злющими огнедышащими хищниками! А я-то наивно надеялся дожить хотя бы до двенадцати...

КАМИКАДЗА

Камикадза — дочка Большегрудой Берты, предводительницы Бой-баб. И ОЧЕНЬ здорово дерется на мечах, кроме шуток. Правда, Иккинг никогда ей об этом не говорит, потому что Камикадза и без того задается.

А еще она ловкая Воровка, на рисунке она как раз изображена в костюме для воровских вылазок. И кажется, среди ее снаряжения есть и кое-что запрещенное.

Когда Камикадза дерется на мечах с большим и страшным Людоедом, она говорит примерно так:

— Нет, ну это НИКУДА НЕ ГОДИТСЯ, просто УЖАС... Если ты и людей ешь так же плохо, как дерешься, ты, должно быть, всю жизнь перебиваешься ВПРОГОЛОДЬ... Вот тебе! (Кончиком меча вырезает на рубашке Людоеда большую букву К.) К — это Камикадза и Криворукий, Косоглазый, Колченогий Каннибал. Я тебя уже пять раз могла убить, ЖАЛКОЕ ты создание.

СМОРКАЛУ

можно узнать издалека по громадным волосатым ноздрям. ГИГАНТСКИЕ такие дырищи, каждая размером с конуру для громмеля.

И другие...

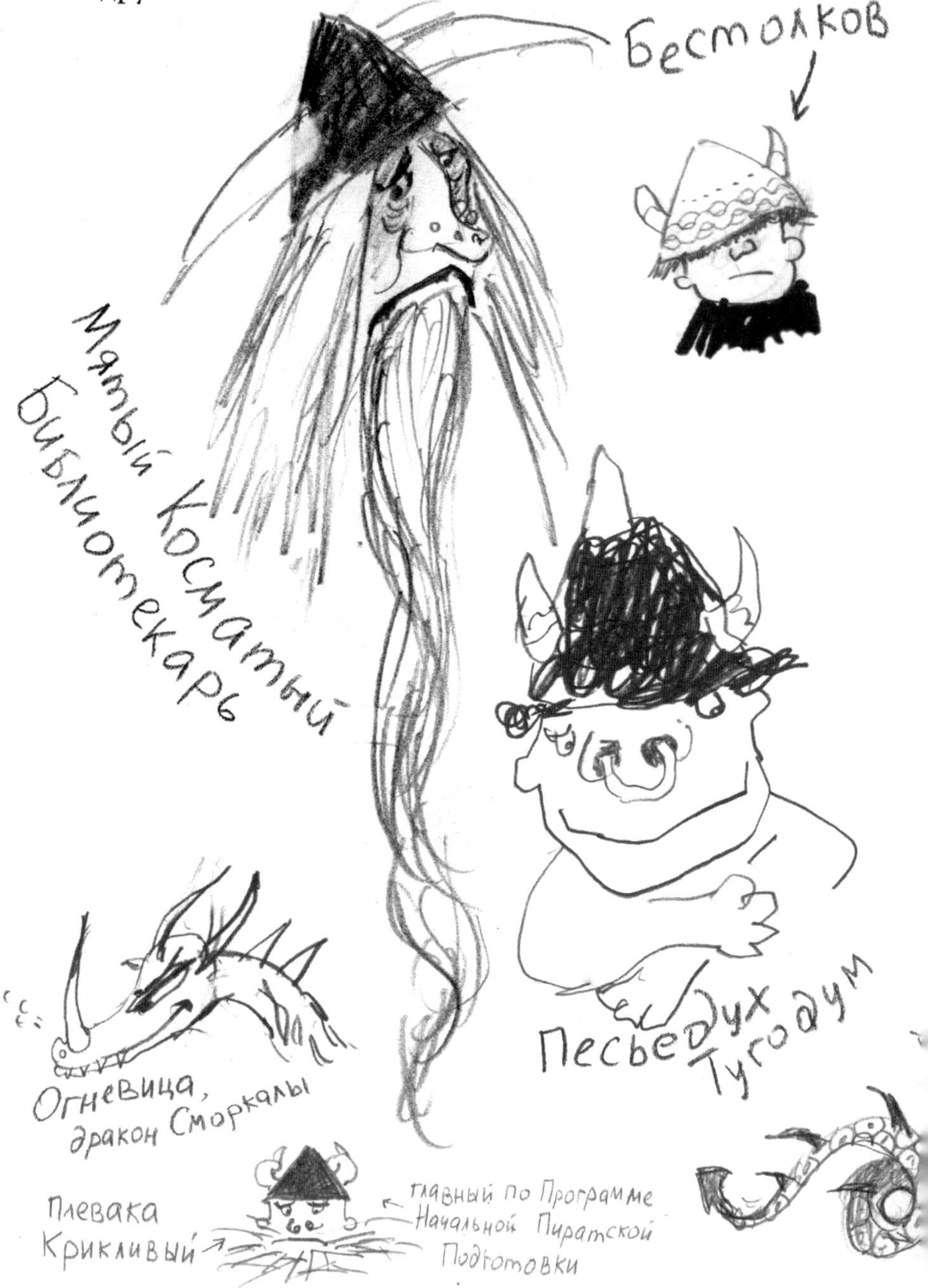
Бестолков
Мятый Косматый Библиотекарь
Песьедух Тугодум
Огневица, дракон Сморкалы
Плевака Крикливый
главный по Программе Начальной Пиратской Подготовки

Обжора Душегуб
(отнюдь не душка)
Проглот,
очарова-
тельный
помощник
Обжоры
Большегрудая
БЕРТА
Буримуха
нюх-
нюх

НЕПРАЗДНИЧНЫЙ ДЕНЬ РОЖДЕНИЯ

Иккинг и его меч Дерзновенный

Когда-то давным-давно...

Представь себе время, когда на земле жили ДРАКОНЫ. Одни, величиной с целую гору, вперевалку ползали по дну океана. Другие, поменьше твоего мизинца, весело прыгали в траве.

Представь себе время, когда на свете жили ГЕРОИ-ВИКИНГИ. Достославное племя, где мужчины были Мужчинами, а женщины — тоже во многих отношениях Мужчинами, и даже у некоторых младенцев на груди росли волосы.

А теперь представь себя мальчишкой по имени Иккинг Кровожадный Карасик III. Тебе еще нет двенадцати, и ты пока не стал Героем, которым тебя хочет видеть отец. Этот мальчик и есть я. Но этот мальчик так далек от меня теперешнего, что я рассказываю эту историю словно бы и не о себе, а о ком-то совсем другом.

Вот и представь себе, что этот мальчик, этот пока не состоявшийся Герой, — не я, а ты.

Ты небольшого роста. Рыжий. Ты, не подозревая о том, стоишь на пороге самого опасного из всех приключений, что до сих пор выпадали на твою долю... Целую вечность спустя, став древним старцем вроде меня, ты назовешь это приключение «Походом В Непраздничный День Рождения» — и содрогнешься от одного воспоминания. И твои дряхлые старческие руки всякий раз будут покрываться пупырышками от ужаса...

1. СТРАННЫЙ СПОСОБ ОТПРАЗДНОВАТЬ ДЕНЬ РОЖДЕНИЯ

Ровно в полдень своего двенадцатого Дня рождения Иккинг Кровожадный Карасик III, Надежда и Опора и Наследный Принц Племени Лохматых Хулиганов, стоял на открытом всем ветрам узком карнизе в ста метрах над землей и пытался не свалиться в пропасть.

Для обладателя такого длинного и внушительного имени Иккинг выглядел слишком неприметно: мелкий, тощий, конопатый мальчишка. Рыжие волосы топорщатся, словно в изумлении, лицо совершенно незапоминающееся.

Он распластался по стене, колени дрожали.

Карниз шел вдоль стены жуткого замка устрашающих размеров. Словно уродливый черный монстр, расселся этот замок на скалах островка под названием Забудка. Выше его башен не было ничего, только крики чаек.

Хотя замок звался Остолопской публичной библиотекой, на деле доступ широкой публике туда был

закрыт. В эпоху викингов считалось, что книги — орудие цивилизации и могут довести до беды. Поэтому их держали в библиотеке под охраной вооруженных до зубов воинов. Пускали в библиотеку строго по приглашениям.

Иккинга НЕ приглашали. Вот почему он полз по карнизу в ста метрах над землей и собирался проникнуть внутрь через окно.

Иккинг задумал посетить библиотеку тайно. Он нисколечко, ну ни капельки не хотел, чтобы кто-нибудь узнал о его визите.

Взгляни Иккинг вниз (а он изо всех сил старался этого не делать), он увидел бы крохотные фигурки сотен стражников-Остолопов. Они рас-

хаживали по двору, солнце зловеще поблескивало на окованных металлом рогах их больших северных луков. Рядом на длинных цепях вышагивали драконы-дрелинги. Мальчик понимал: стоит стражам только поднять глаза, они увидят его и спустят тетиву без колебаний.

Иккинг нервно сглотнул. Он собирался с духом, чтобы нырнуть через разбитое окно в библиотеку... Но ему страшно не хотелось туда лезть.

Кто знает, ЧТО прячется в темном лабиринте замка? Там можно плутать неделями и сгинуть, так и не встретив ни души.

Одно Иккинг знал точно — где-то в недрах этого страшного книжного царства рыщет сам Мятый Косматый Библиотекарь, полуслепой, полубезумный Хранитель библиотеки.

Мастер Меча, Гениальный Вычислитель и во всех отношениях жуткий тип, Мятый Косматый Библиотекарь не ведал жалости к Незваным Гостям.

На сборищах племен Иккинг слышал его хвастливые рассказы о том, как глупые воины, осмелившиеся подобраться к тайнам библиотеки, погибали под ударами его мечей, которые он звал Сердцерезами.

— Чикнуть их Сердцерезами, — сипел он, и в глазах его мерцал потусторонний огонек. — Расстегнуть от уха до брюха. — Тут он делал неприятное плавное движение от шеи до пряжки на поясе. — Так им и надо... НИКТО, взяв книгу в МОЕЙ библиотеке, не доживет до того, чтобы рассказать об этом.

Мятый Косматый Библиотекарь был страшен даже на дружеских посиделках, когда уютно потрескивал костер и вокруг было полно крепких соплеменников. Насколько же страшнее он при исполнении, когда шныряет, словно паук, по углам своей жуткой библиотеки с Сердцерезами наголо?

Особенно для того, кто явился в библиотеку не просто побродить, а УКРАСТЬ одну из драгоценных книг, унести ее с собой...

Тут мимо Иккинга пролетал маленький дикий дракончик. Иккинг машинально проводил его взглядом. «Куцекрылая змеебелка», — мысленно отметил он. И, глядя на порхающего в ярко-голубом небе дракончика, которому нечем было заняться и некуда спешить, Иккинг подумал: «Что я делаю? Сегодня же мой ДЕНЬ РОЖДЕНИЯ, Тор меня разрази. Мне полагается сидеть дома и веселиться, а не рисковать шеей в ста метрах от земли на стене Роковой Библиотеки... Что я делаю? КАК Я ВООБ-

ЩЕ УГОДИЛ В ЭТОТ ПЕРЕПЛЕТ? НИЧЕГО хуже просто не придумаешь».

В этот миг Иккинг, увлекшись своими мыслями и наблюдением за ленивым полетом куцекрылой змеебелки, потерял равновесие, и нога его соскользнула со щербатого края карниза. Он сдавленно вскрикнул и упал.

Иккинг летел в пропасть, отчаянно молотя руками и ногами. И лишь по счастливой случайности одна пятерня в последний момент задела-таки карниз... и вцепилась в него. Мальчик повис на руке, а между ним и твердой землей простиралась сотня метров чистого, прозрачного воздуха. Иккинг снова завопил.

Внизу на укреплениях подняли голову четыре сотни Остолопских стражников. Все четыре сотни потянулись за своими луками.

И снизу до раскачивающегося на карнизе Иккинга донесся зловещий рокот дрелингов, запускающих свои носы-сверла.

2. ШПИНАТ С ОПИЛКАМИ?

Оставим ненадолго Иккинга висеть под окном, а сами отправимся назад в прошлое и выясним, как он вообще угодил в этот переплет.

Проснувшись в тот день в семь утра, Иккинг и не подозревал, чем будет заниматься всего пять часов спустя.

Он несколько волновался, ведь сегодня был его День рождения. Хотя мальчику исполнялось двенадцать, строго говоря, это был всего лишь ТРЕТИЙ его День рождения, поскольку Иккинга угораздило родиться 29 февраля, в високосный год.

Первым делом по пробуждении надо загадать желание. Он и загадал: «Пожалуйста, Тор, не мог бы ты сделать этот день спокойным, тихим, МИРНЫМ днем! Чтоб ни кораблекрушений, ни бурь, ни маньяков-убийц с крюками вместо рук, ни чудовищных драконов, которые еще опаснее, чем все, которых я видел... Ну хотя бы в честь Дня рождения, а?»

Из этого можно заключить, что спокойные дни на архипелаге выпадали нечасто и жизнь будущего Героя-Викинга была насыщенна, но несколько утомительна.

Встав с постели, Иккинг некоторое время пытался уговорить своего дракончика, Беззубика, съесть полезный для здоровья завтрак.

Драконам полагается есть много овощей и, как ни странно, много ДРЕВЕСИНЫ — мелких веточек, сучков и коры. Считается, что такой рацион помогает им дышать огнем, а это очень важно, поскольку дракон, не способный выдыхать пламя, сильно заболевает и вскоре взрывается.

Беззубик был весьма непослушным обыкновенным садовым драконом, но была у него и одна необыкновенная черта. Заключалась она в исключительно малых размерах: он был самым маленьким из всех драконов, принадлежавших подрастающим викингам. Вот уже несколько недель он не ел древесины и теперь наотрез отказывался и от шпината, и от плавника, и от опилок и сидел перед тарелкой, пуская недовольные дымные колечки.

— **Ну ладно, Беззубик,** — сказал Иккинг, — **раз ты так себя ведешь, придется мне отправиться на Воровское Многоборье без тебя. Но советую к моему возвращению съесть ВСЮ эту стружку, а то НИКАКОЙ СЕЛЕДКИ не получишь.**

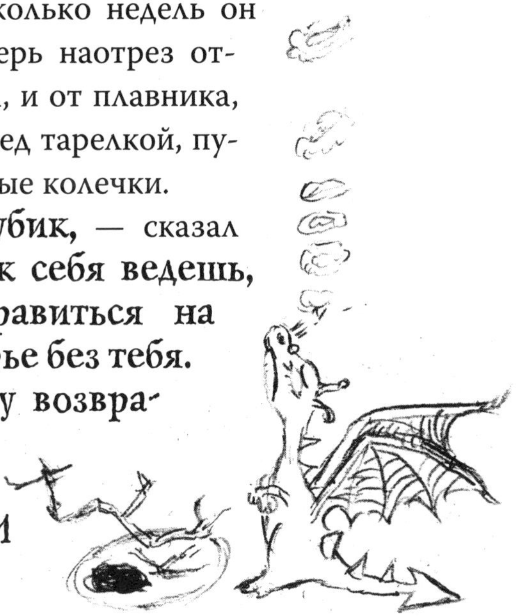

— **Оч’чень злой хозяин,** — с достоинством отозвался Беззубик, — **и сердц’це у тебя из козззявок***.

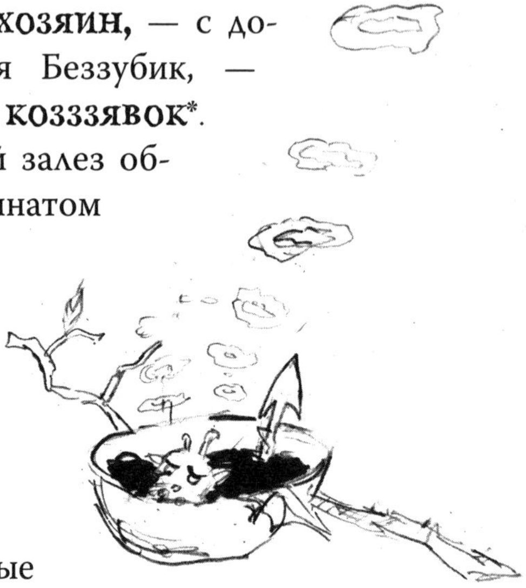

Он с кислой миной залез обратно в миску со шпинатом и зарылся в него, будто очень маленький крокодильчик в прибрежный ил. Наружу торчали только носик и хвостик, поэтому казалось, будто миска шпината пускает дымные колечки. Беззубик хлестнул хвостом, и шпинат расплескался на всю округу.

А Иккинг отправился смотреть финал Воровского Многоборья. Сегодня были соревнования карманников — Обчистилище.

В гости к Хулиганам приехало соседнее племя Бой-баб, и они вот уже четвертый день состязались в воровском мастерстве. Накануне Бой-бабы изрядно отличились в Эстафете Со Взломом, и это нервировало хозяев. Тем более что гости выиграли Состязание По Овцекрадству в первый день и Парусные Угонки во второй.

* Иккинг с Беззубиком говорят по-драконьи, на языке, на котором драконы разговаривают друг с другом. За многие века всего несколько человек сумели освоить это необычное наречие, и Иккинг — один из них.

Сегодня предстоял последний этап соревнований, Обчистилище, и Хулиганам позарез необходимо было выиграть, чтобы сохранить остатки достоинства.

К сожалению, в искусстве обчистить соперника так, чтобы он ничего не заметил, Бой-бабы преуспели ничуть не меньше, чем во всем остальном, и Хулиганы в который раз потерпели сокрушительное поражение. Иккингу на соревнованиях было особенно тоскливо. Он опозорился в Эстафете Со Взломом. Вдобавок его гадкий двоюродный брат, Сморкала, во всеуслышание отпускал весьма ядовитые замечания по поводу его Дня рождения.

— Так малышу Иккингу сегодня три годика, да? — насмехался он. — Уж поверь, Иккинг, только такой ПРИДУРОК, как ты, мог родиться в самый ДУРАЦКИЙ день в году... Вот ведь не повезло нам, что такое ХОДЯЧЕЕ НЕДОРАЗУМЕНИЕ, как ты, вообще появилось на свет. Если бы не ты, я бы когда-нибудь стал вождем племени Хулиганов, блестящим и жестоким вождем... Отбери у него рубашку, Песьедух!

И Сморкалин прихвостень Песьедух Тугодум, здоровый бугай с кольцом в носу и слаборазвитыми навыками простого человеческого общения, стянул с Иккинга рубашку и втоптал ее в грязь.

— Пусть остальные празднуют твой День рождения на Деньрожденном Пиру сегодня вечером, —

прорычал Сморкала, — а я приду в ЧЕРНОМ, поскольку скорблю о том, что ты родился... Паршивого тебе третьего Дня рождения, Иккинг НИКЧЕМНЫЙ!

Все это очень огорчало.

Три часа спустя разочарованный, растрепанный и заляпанный грязью Иккинг отправился домой, пригласив к себе друзей — Рыбьенога и Камикадзу.

Рыбьеног, как и Иккинг, был Лохматым Хулиганом, но больше походил на страдающую астмой и близорукостью долгоножку. Камикадза же, крохотная белобрысая девчонка из племени Бой-баб, выделялась шевелюрой, нетронутой рукой человека, как дебри Амазонских лесов.

Несмотря на малый рост, Камикадза отличалась ИСКЛЮЧИТЕЛЬНЫМ мастерством по части воровства и теперь волокла за собой пять Хулиганских кинжалов, три Хулиганских шлема один другого больше и пару мохнатых подштанников Стоика Обширного.

— Даже ДУМАТЬ не хочу, как ты ухитрилась стянуть их незаметно для него, — говорил Иккинг с невольным восхищением.

Стоик Обширный, папа Иккинга, принадлежал к классическому типу викинга — «большой и страшный».

— Он же крышу головой пробьет, когда обнаружит...

— Ой, это было проще пареной репы, — хвастливо заявила Камикадза, беззаботно поигрывая одним из кинжалов. (Если Камикадзе чего и не хватало, так это скромности.) — Он из-за своей бороды ничего не видит. При желании я б могла стащить с него и штаны с рубашкой.

— Хвала Тору, ты этого не сделала, — с огромным облегчением заметил Иккинг. — Не хотел бы

я разозлить его больше, чем он уже. И так придется пару дней ходить вокруг него на цыпочках, чтоб не прилетело ненароком...

Когда троица вошла в хижину вождя, Иккинг ахнул от ужаса.

Пол и стены покрывал шпинат.

Опилки лежали на тарелке нетронутые...

А Беззубик восседал посреди комнаты с очень виноватым видом.

Потому что слопал три четверти нового трона вождя, Стоика Обширного. Большого трона, сплошь покрытого резьбой с изображениями Одина.

3. Стоику изменяет чувство юмора

В этот ужасный момент в комнату с топотом ввалился Стоик Обширный.

Иккингов папа, Стоик Обширный, Да Трепещет Всякий, Кто Услышит Его Имя, Кх, Гм, был Вождем Племени Лохматых Хулиганов. Пузо — как боевой корабль, борода — как стадо ужаленных молнией ежиков. Он был добр, но вспыльчив и в данный момент уже пребывал в прескверном расположении духа.

Большегрудая Берта, Камикадзина мама и предводительница Бой-баб, очень обидно высказалась насчет выступления Хулиганов в Эстафете Со Взломом.

«ВЫ, ХУЛИГАНЫ, НЕ СПОСОБНЫ И БУМАЖНЫЙ ПАКЕТ ВЗЛОМАТЬ, ДАЖЕ ЕСЛИ ВАС В НЕГО ПОСАДИТЬ!» — прогремела Большегрудая Берта между взрывами истерического хохота.

Стоик не мог устоять перед таким дерзким вызовом, особенно брошенным Большегрудой Бертой. Он поспорил с ней на два ее лучших топора, поклявшись ДО КОНЦА ДНЯ доказать, что Хулиганы по части воровства не уступят Бой-бабам. Берта приняла пари, и они скрепили его, стукнувшись животами. Вот и все. И, как мы вскоре увидим, это самым прямым образом поставило Иккинга в шаткое положение на карнизе библиотеки.

По пути домой Стоик заподозрил, что свалял дурака. Ведь Бой-бабам и правда нет равных в грабеже и воровстве.

Словом, когда вождь вернулся в родную хижину, он пребывал не в том состоянии, чтобы спокойно перенести вид угольков на месте своего новехонького трона.

— АААААААААААРХ! —

взревел Стоик Обширный, вырывая клочья из бороды. — МОЙ ЛЮБИМЫЙ ТРОН! ОТ НЕГО НИЧЕГО НЕ ОСТАЛОСЬ!

— Очень даже осталось, — поспешно перебил вождя Рыбьеног, импровизируя на ходу. — Да, он немного почернел по краям... Но это только добавляет ему неповторимого варварского шарма. Да это же последний писк викингской мебельной моды!

Стоик немного поостыл.

— Смотрите! — Рыбьеног воодушевленно потряс трон. — Это по-прежнему отличное КРЕСЛО, изменилась лишь внешняя отделка.

Стоик принялся задумчиво теребить бороду.

Рыбьеног похлопал по сиденью трона.

— Ну же! — подбодрил он. — Давайте поглядим, как вы будете на нем смотреться.

Стоик Обширный опустил свою громадную задницу на трон, а Рыбьеног чуть отошел.

— Браво! — зааплодировал очкарик. — Так варварски! Вы просто ОБРАЗЕЦ современного викингского полководца...

— Ты думаешь? — спросил Стоик, поигрывая мышцами.

Он действительно смотрелся отменно: здоровенный викингский вождь двухметрового роста с бородой, словно взорвавшееся гнездо, на обгорелых руинах трона, перекрученных, почерневших и еще слегка дымящихся...

— О да! — разливался соловьем Рыбьеног. — Прямо видение из Валгаллы! Стоик Обширный, Гроза Морей, Высочайший Правитель Племени Лохматых Хулиганов, Да Трепещет Всякий, Кто Услышит Его Имя, Кх, Гм, в своем самом пугающем... Первобытно! Великолепно! Устра...

Левая задняя ножка трона дрогнула и подломилась.

Стоик Обширный, Гроза Морей, Высочайший Правитель Племени Лохматых Хулиганов, Да Трепещет Всякий, Кто Услышит Его Имя, Кх, Гм с треском обрушился на пол. Дом содрогнулся до самых стропил.

Повисла нехорошая пауза.

Рыбьеног открыл рот... Непросто было придумать оправдание, в таких-то обстоятельствах... Но благодаря Камикадзе ему не пришлось даже попробовать.

Большинство викингов слишком боялись вождя Лохматых Хулиганов, чтобы смеяться над ним. Но, увы, Бой-бабы не боятся ничего. Камикадза ЗАРЖАЛА так, что чуть не свалилась.

Стоик вскочил на ноги с быстротой, удивительной для человека с телосложением быка-культуриста.

Стоик вышел из себя.

А когда Хулиган выходит из себя, вернуть его обратно невозможно.

— МОЛЧАТЬ! — взревел он. — КАК ТЫ СМЕЕШЬ СМЕЯТЬСЯ НАДО МНОЙ, ТЫ, МЕЛКАЯ БОЛОТНАЯ КОЗЯВКА?!

И в этот миг он осознал, что у мелкой болотной козявки в руках пара весьма элегантных мохнатых подштанников до странности знакомого вида... Торовы громы! У нее хватило чисто Бой-бабьего нахальства стащить ЕГО исподнее!

Раздувшись, как разгневанный бабуин, вождь выхватил меховые подштанники у похитительницы.

ПЕРЕДОВЫЕ ГРАБИТЕЛЬСКИЕ ПРИЕМЫ от КАМИКАДЗЫ
Ограбление Граббита Мрачного
Нежно удаляем с него шлем, подобравшись сверху.
В воровском ремесле главное — твердая рука. Но сообразительность важна не меньше, чем ловкость пальцев, как показано тут

Рис. 1

Мягко избавляем от мечей и сандалий, подобравшись снизу.

Рис. 2

«О боги! Вы правы,
у меня И ВПРАВДУ баран
на голове! Но как он туда
попал? Вот загадка...»

Рис. 3

— И КАК ТЫ СМЕЕШЬ ВОРОВАТЬ ПОДШТАННИКИ ВОЖДЯ ПЛЕМЕНИ ЛОХМАТЫХ ХУЛИГАНОВ! — прорычал Стоик Обширный.

— Это было Обчистилище, там и требовалось стырить по-тихому, — нахально ухмыльнулась Камикадза. — На случай, если вы, Хулиганы, не заметили...

Но хотя это была совершеннейшая правда, замечание ничуть не улучшило настроение Стоика.

— ПОДШТАННИКИ ВОЖДЯ — СВЯЩЕННАЯ МОНАРШАЯ СОБСТВЕННОСТЬ! — взревел Стоик Обширный. — КАК И ЭТОТ ТРОН! Я ЗНАЮ, КТО ВИНОВАТ В ЭТОМ БЕЗОБРАЗИИ, ИККИНГ! ЭТО ТВОЙ ДУРАЦКИЙ КОЗЯВКА-ДРАКОН, БЕЗНОЖЕК!

Он ткнул пальцем в Беззубика, который, хихикая, восседал на остатках трона.

— Его зовут Беззубик, пап, — торопливо поправил Иккинг, — и я не думаю, что это он. Возможно, просто искра от очага...

К сожалению, Беззубик выбрал именно этот момент, чтобы как следует рыгнуть, выпустив из ноздрей два больших черных клуба дыма и окатив присутствующих дождем щепок от трона.

— ТЫ ЧТО, ЗА ДУРАКА МЕНЯ ПРИНИМАЕШЬ? — прогромыхал Стоик.

— Нет-нет, — умиротворяюще забормотал Рыбьеног, — просто за слегка альтернативно одаренного в области черепа... это освященная веками особенность Викингских Вождей...

— ЗАТКНИСЬ! — прорычал Стоик, хватая одну из ножек трона и размахивая ею перед носом у Иккинга. — ПОСМОТРИ НА ЭТО! СЛЕДЫ ДЕСЕН! ЭТА ТВОЯ ДУРНАЯ ЛЯГУШАТИНА СЛИШКОМ УЖ ЧАСТО ПЕРЕСТУПАЕТ ЧЕРТУ!

— Извини, пап... — пробормотал несчастный Иккинг. — **Беззубик!** — обрушился он на своего любимца. — **Ты же знаешь, что тебе не полагается трогать ничего, что принадлежит моему отцу.**

— **Н-ну ДРЕВЕСИНА же!** — возразил Беззубик. — **Иккинг говорит, ешь свою древесину, вот Б'бе-беззубик и СЪЕЛ д'древесину!**

— **Я имел в виду ОПИЛКИ на твоей тарелке, а не трон,** — не уступал Иккинг. — **И ты это знаешь, Беззубик.**

Стоик медленно сделался из красного лиловым, словно синяк. Голос его, когда он снова заговорил, был зловеще спокоен.

— Иккинг... уж не по-драконьи ли ты сейчас разговаривал?

— Гм... да, папа... то есть нет, папа... — заикаясь, ответил Иккинг. — В смысле, я не знаю, папа...

— Ты ГОВОРИЛ по-драконьи, — отрезал Стоик. Он вынул из кармана заляпанную тетрадку. На обложке чернилами было написано «Как одолеть дракона». — И что это я обнаружил у тебя в комнате? Это ТЫ понаписал, Иккинг?

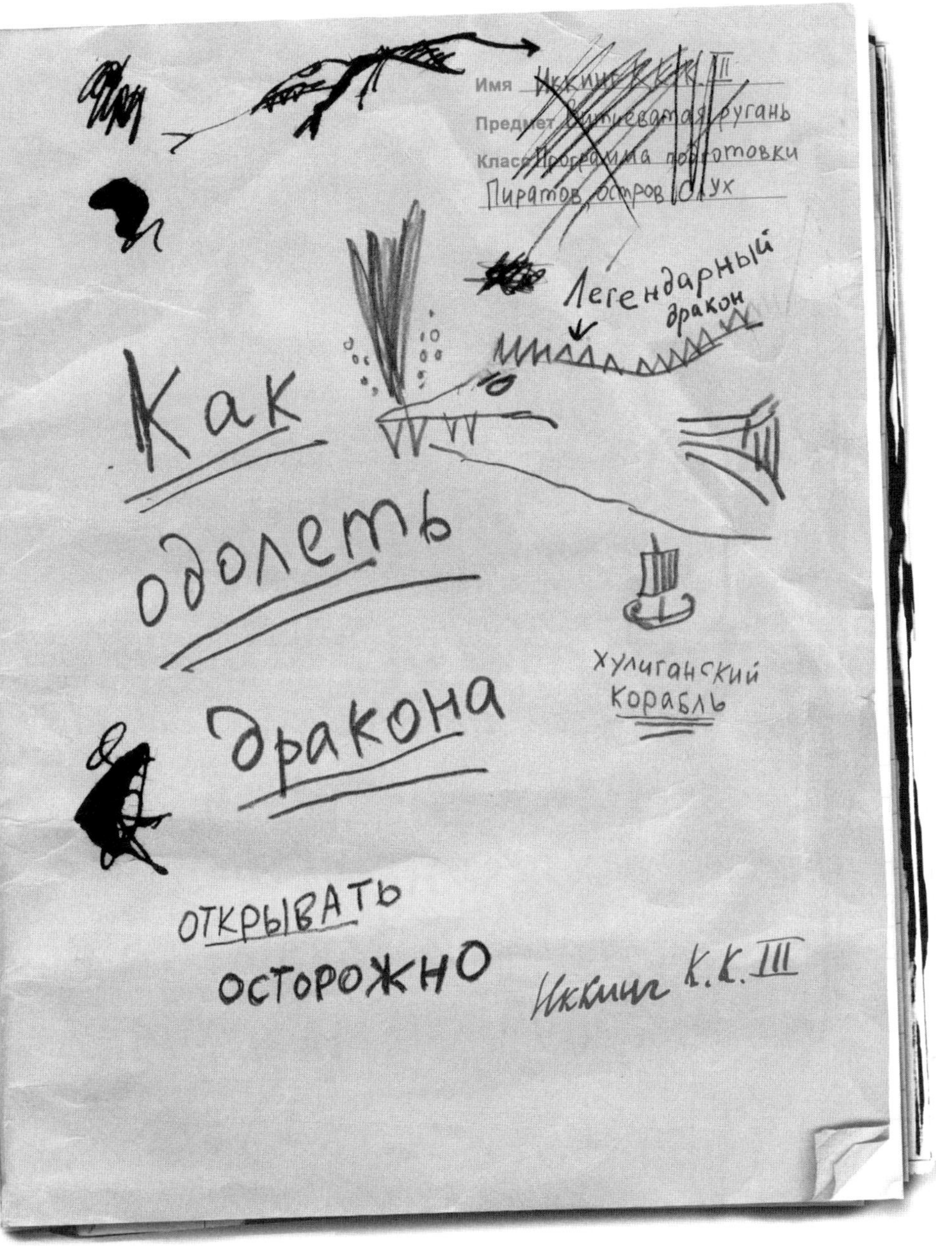
Имя Иккинг К.К. III
Предмет Витиеватая ругань
Класс Программа подготовки
Пиратов остров Олух
Легендарный дракон
Как одолеть дракона
Хулиганский корабль
ОТКРЫВАТЬ ОСТОРОЖНО
Иккинг К.К. III

Витиеватая ругань

Безотказно работают оскорбления, предполагающие, что противник хлюпик.

„У тебя руки как водоросли, да ты даже медузу один на один не одолеешь!"

Не стоит пробовать оскорбления данного типа на Душегубах, могут убить.

Хорошо, Иккинг, но ТЕ нада паработать над Кривописанием, ыстиный Хулиган прально нинапишит.

П.К.

ЯДОВ

КАК ОДО
ДРАК А.

Все драконы смертельно опасны, но некоторые опаснее остальных. Начну с моих любимых видов.

ЯДОВИТЫЕ ДРАКОНЫ

1. Гадючка отравная

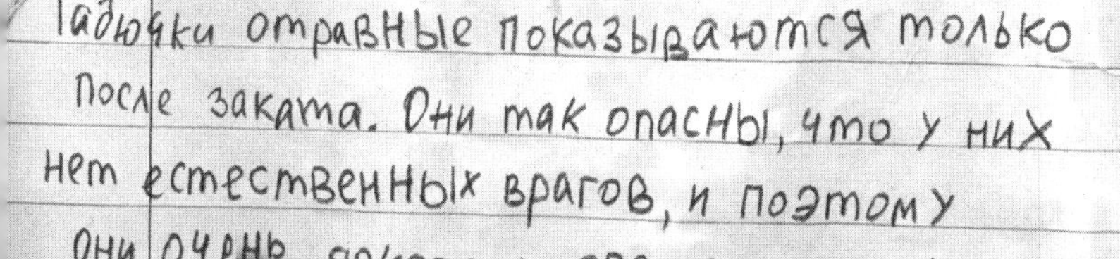

Гадючки отравные показываются только после заката. Они так опасны, что у них нет естественных врагов, и поэтому они очень яркого и светящегося желтого цвета.

одолеть с

Скрутень пагубный

Если вас укусил скрутень, ничего не поделаешь. Вы МЕРТВЫ, как динозавр.

Чепушистик ядовитый

Укус чепушистика убивает за четверть секунды.

Но спасение есть: чепушистаки не выносят <u>свиста</u>, услышав его, они застывают как статуи.

Я обнаружил это на обрыве Дикого Дракона.

РУКА

Я видел, как одна-единственная куцекрылая змеебелка заставила окаменеть целое гнездо чепушистиков

Долой
Песьедуха!
у-гу-гу
Беззубик
Иккинг РУЛИТ

— Да, — признал Иккинг.

(Отнекиваться все равно не было смысла, поскольку под заголовком значилось «Иккинг Кровожадный Карасик III».) Иккинг заносил в тетрадку описания всех разнообразных видов драконов и наброски драконского словаря.

Стоик гневно напыжился, ноздри у него раздувались, как у разъяренного бизона.

Это уже слишком.

— КНИГИ! Мой Наследник — и пишет КНИГИ?! Тебе положено быть ВИКИНГОМ, Иккинг! КРОВОЖАДНЫЕ КАРАСИКИ КНИЖЕК НЕ ПИШУТ! Твои предки Хулиганы, которых боялись все вокруг, в могилах попереворачиваются! ЧЕГО не делают Кровожадные Карасики, Иккинг?

Иккинг повесил голову.

— Кровожадные Карасики книжек не пишут, — пробубнил он, глядя в пол.

— Кровожадные Карасики их даже НЕ ЧИТАЮТ, — добавил Стоик. — Книги запрещены. Полностью. Решением Тинга, о чем ты знал бы, если б не занимался всякой чепухой.

— ПОСЛЕДНИЙ ТАБЕЛЬ ПРОСТО ПОЗОРИЩЕ, ИККИНГ! — продолжал бушевать отец. — ТЕБЕ СЛЕДУЕТ БОЛЬШЕ ВНИМАНИЯ УДЕЛЯТЬ БЕССМЫСЛЕННОЙ ЖЕСТОКОСТИ! И УГОНУ СКОТА! А НЕ МАЯТЬСЯ ДУРЬЮ, ШКРЯБАЯ

КНИЖОНКИ!!! — Он едва не подскакивал от бешенства. — КНИГИ!!! КНИГИ БЕСПОЛЕЗНЫ, ИККИНГ, БЕС-ПО-ЛЕЗ-НЫ. ТОЛЬКО ОДНА КНИГА ДОСТОЙНА ЧТЕНИЯ. ОДНА-ЕДИНСТВЕННАЯ. ИСКЛЮЧЕНИЕ ИЗ ПРАВИЛА. И ЭТО «КАК ПРИРУЧИТЬ ДРАКОНА» ПРОФЕССОРА ДРЯБЛИНГА. ВОТ КНИГА ДЛЯ ХУЛИГАНОВ...

Стоик осекся на полувопле. Его внезапно осенила Блестящая Идея, а такое с ним случалось нечасто.

— Ведь эта книжка лежит где-то здесь, я точно знаю... Плевака Крикливый УКРАЛ эту книгу СОБСТВЕННОРУЧНО!

Викингские племена презирали книги, рассматривая их как ужасное влияние цивилизации и угрозу варварской культуре. Книги были запрещены и хранились в большой и мрачной Остолопской публичной библиотеке под охраной жуткого Мятого Косматого Библиотекаря и устрашающей армии Остолопских воинов и дрелингов.

О Библиотекаре ходила такая слава, что храбрейшие викингские воины, несмотря на все презрение к книгам, мечтали утереть ему нос, украв из библиотеки хоть что-нибудь. Однако удалось это пока очень немногим.

— Так-так... — Стоик задумчиво почесал бороду ножкой трона. — Надо всего лишь отыскать эту книгу... и показать ее Берте. Вот и будет ей ДОКАЗАТЕЛЬСТВО, что Хулиганы — мастера воровать не хуже Бой-баб! Спорим, ни одна из воительниц Берты не сумела утянуть книгу прямо из-под носа у Мятого Косматого Библиотекаря! ХЕ-ХЕ-ХЕ! Я выиграл спор, выиграл!

Стоик в восторженном злорадстве потер руки, сунул ножку трона в огонь... и тут вспомнил, что надо бы сделать внушение Иккингу.

— Э-гхм, — произнес он, поспешно возвращая голосу твердость. Ему крайне не терпелось отправиться на поиски книги «Как приручить дракона». — Я по-прежнему очень озабочен, Иккинг. Я намерен избавиться от этой твоей дурацкой писанины про то, как одолеть дракона. И я НИКОГДА БОЛЬШЕ не хочу слышать, как ты разговариваешь по-драконьи, или видеть, как ты книжки пишешь. — Он сунул Иккингову тетрадку в нагрудный карман своей безрукавки. — Начинай вести себя как будущий викингский вождь! Сосредоточься на Бессмысленной Жестокости и Бое На Топорах! Прекрати водить дружбу с этими кикиморами. — Он сердито зыркнул на Камикадзу, которая радостно ухмыльнулась ему в ответ. — И предупреждаю тебя САМЫМ СЕРЬЕЗНЫМ ОБРАЗОМ, — Стоик понизил голос до САМОГО СЕРЬЕЗНОГО тона, — если этот твой дракон еще ХОТЬ РАЗ выкинет что-нибудь подобное... только

РАЗ... я...я...я... — Стоик мучительно задумался, придумывая по-настоящему суровое наказание. — Я его ВЫГОНЮ, — сказал он наконец.

— Нет! — в ужасе ахнул Иккинг.

— Сказал, выгоню — значит выгоню, — твердо ответил Стоик. — Тебе сегодня исполняется двенадцать, Иккинг, самое время перестать наконец валять дурака и начать становиться нормальным Викингским Героем. Ради твоего же блага.

— Ладно, но куда же я положил эту «Как приручить дракона»? — забормотал вождь себе под нос. — Ой, не терпится увидеть Бертино лицо, когда она сообразит, что я выиграл спор! Это сотрет ухмылку с ее щекастой физиономии...

И Стоик вприпрыжку выбежал из комнаты, чтобы поискать книгу в Зале Собраний.

— **Н'не-неприятный дядя т-твой папенька,** — пыхтел Беззубик, пока Иккинг стирал с его спинки шпинат подолом безрукавки. — **Совсссем не в сссебе. Я ему не д'ду-дурацкая ля-ляг'-гушка.**

— **Ну, если ты и дальше будешь есть чужие троны, всех из себя выведешь,** — проворчал Иккинг. — **А теперь, Беззубик, пожалуйста, ПОДУМАЙ как следует. Отец сейчас говорил серьезно. Еще один проступок, и тебя вышвырнут отсюда взашей. Припомни, не натворил ли ты еще чего-нибудь?**

Беззубик посмотрел на Иккинга снизу вверх щенячьим взглядом.

— **Кто, я?** — невинно вопросил он. И замотал головкой так яростно, что даже рожки задрожали. — **Вот ещщще...**

— **Ну и молодец,** — с облегчением произнес Иккинг.

Беззубик подумал еще немножко. Задумчиво почесал за ухом и стал слизывать шпинат с задней лапы раздвоенным язычком.

— **Н'ну-ну...** — небрежно признал он между делом, — **разве что одну п'пу-пустяковину...**

— **КАКУЮ пустяковину?** — с упавшим сердцем спросил Иккинг.

Беззубик вздохнул, на секунду перестал вылизываться и указал коготком на большую метлу, прислоненную в углу.

Иккинг посмотрел туда. Пригляделся.

И испустил вопль, которому мог бы позавидовать его отец.

Там, спрятанные за метлой, валялись останки книги — обугленные, потоптанные и пожеванные останки книги с золотыми застежками, затейливыми золотыми буквами и очень толстым переплетом... На разорванной пополам, подранной в клочья острыми коготками и заляпанной шпинатно-зелеными полосами обложке еще можно было разобрать название:

4. БОЙ-БАБЫ НЕ ВСЕГДА ГОВОРЯТ ПРАВДУ

— Хулиганы прямо молятся на эту дурацкую книжонку, — простонал Иккинг, подбирая клочок обложки и пытаясь приставить его к другому. — Они думают, что в ней заключены ответы на все вопросы... А отец еще и надеется с ее помощью выиграть спор с Большегрудой Бертой. Ты только посмотри на эту книгу... она уничтожена... О чем ты вообще думал, Беззубик?

— Б'бы-была на кресле, — фыркнул Беззубик. — Б'бу-бумага вроде как тоже из д'дерева... я сначала книжку съел, потом кресло.

— Что же делать?! — взвыл Иккинг, в отчаянии швыряя на пол ошметки книги. — Это не починишь! И Беззубика выгонят!

— Б'бе-беззубик не хочет, чтоб его выг'гнали... — захныкал дракончик.

Камикадза тем временем стояла на руках у стены, но тут приняла нормальное положение и сказала:

— В Остолопской публичной библиотеке наверняка есть и другие точно такие же книжки. Надо просто пробраться туда и стырить одну.

Мальчишки на некоторое время потеряли дар речи.

— БЛЕСТЯЩАЯ идея, — язвительно заметил Рыбьеног. — А как насчет Мятого Косматого Библиотекаря и его Сердцерезов?

— Ой да ладно, всего-то один полоумный старикашка Библиотекарь, охраняющий целую великую библиотеку. Мы успеем влезть и смыться, прежде чем он вообще поймет, что мы там были, — небрежно заявила Камикадза. — Ну так как, Иккинг? Готов ли ты доказать, что Хулиганы так же сильны в воровстве, как и Бой-бабы?

Ну, как вы уже поняли, Камикадза не очень точно выразилась. Мятый Косматый Библиотекарь охранял Остолопскую публичную библиотеку не то чтобы совсем один. Как мы видели в первой главе, там были еще и такие недостойные упоминания меры охраны, как четыре сотни Остолопских вооруженных стражников, ну и дрелинги.

К сожалению, Иккинг ничего не знал про Остолопскую публичную библиотеку. Да, он пару раз видел Мятого Косматого Библиотекаря, и тот ему не понравился. Но если библиотека такая большая, как говорит Камикадза, может, действительно удастся очень тихо прошмыгнуть внутрь и стянуть одну из книг так, чтобы никто и не узнал? И тогда Беззубика не выгонят и Стоик будет доволен, ведь Иккинг поможет ему выиграть спор.

Поэтому он медленно произнес:

— Тогда ладно... давайте...

И с этого момента они были ОБРЕЧЕНЫ.

— Ййахоууу! — выкрикнула Камикадза, вскинув в воздух кулак. — ГРАБЬ НАГРАБЛЕННОЕ! Вот здорово, а то я все искала повод угнать маминого крадкого дракона!

И она выбежала из дома, спеша к Драконюшням. За ней по пятам следовали встревоженный Иккинг, встревоженный Беззубик и еще более встревоженный Рыбьеног.

— Погоди секундочку, — пропыхтел Иккинг, чувствуя, как ситуация стремительно ускользает из-под контроля, — что это еще за затея с угоном крадкого дракона? Что это вообще за дракон такой? И где твоя мама его раздобыла?

— Стырила у Обжоры Душегуба два дня назад, — объяснила Камикадза. — Это из их Секретного Оружия. Подозреваю, именно поэтому мама приняла воровское пари твоего папы. Ему НИ ЗА ЧТО не выдумать ничего круче, чем кража Секретного Оружия у Душегубов.

— И ничего БЕЗУМНЕЕ, — заметил Иккинг, — никто не крадет у Обжоры Душегуба... И зачем нам вообще сдался этот крадкий дракон, если библиотеку охраняет всего один человек?

— Ну-у, — протянула Камикадза, на ходу придумывая отговорку, — никогда заранее не знаешь, вдруг Мятый Косматый Библиотекарь выглянет из окна, как раз когда мы появимся... а если мы прилетим на крадком драконе, заметит он наше приближение? Вот то-то же! — радостно заключила она.

Добравшись до Драконюшен, Камикадза распахнула дверь самого большого денника и с победной улыбкой указала внутрь.

— Вот, полюбуйтесь! — провозгласила она. — ЭТО и есть крадкий дракон!

Примечание автора: *К сожалению, мы не можем показать вам крадкого дракона. Дело в том, что они от природы невидимы.*

5. КРАДКИЙ ДРАКОН

На первый взгляд денник был совершенно пуст.

Крадкие драконы, как хамелеоны, меняют цвет, подстраиваясь под то, что вокруг. И хотя звери они немаленькие, благодаря маскировке увидеть их практически невозможно. Верхом на таком драконе и впрямь нетрудно пробраться в деревню или ту же библиотеку так, чтобы никто ничего не заподозрил.

Вглядевшись, друзьям удалось различить призрачный контур очень большого спящего дракона. Нижняя его часть в точности повторяла цвет и фактуру кучи сена под ним, а верхняя — узор досок стойла: дырки от сучков и все такое.

— Ну как, разве доводилось вам видеть что-то круче? — восторженно пропела Камикадза, проводя пальцами по невидимому боку твари. — Всю жизнь мечтала на таком покататься!

— ВАУ, — восхищенно выдохнул Иккинг. — ВАУ, ВАУ, ВАУ, ВАУ, ВАУ, ВАУ. Только посмотрите на хвостовые шипы, они ж гигантские... Но мы не можем угнать этого дракона, Камикадза.

— Почему? — Камикадза взлетела на воздушную горку в форме дракона и оказалась у него на спине.

Дракон, разумеется, резко проснулся.

— Почему? — пискнул Рыбьеног. — Почему?! Это не просто какой-то старый верховой дракон, это Секретное Оружие! Да Обжора Душегуб и его головорезы перевернут каждый камень на архипелаге в поисках этого дракона! И я не хочу сидеть у него на спине, когда они его найдут!

— Ну, ребята, вы как хотите, а я намерена угнать этого дракона, стырить ту книжку и успеть обратно к чаю, — заявила Камикадза, подтягивая подпругу и собирая поводья крадкого дракона. — Эх, вы, Хулиганы! Из какого вы вообще теста? — поддразнила она. — Вы что, СТРУСИЛИ?

Разумеется, Иккинг не собирался признаваться, что ему страшно, белобрысой пигалице, которая вдобавок на целую голову ниже его.

— Я знаю, что пожалею об этом, — сказал он, взбираясь на мерцающий призрак крадкого дракона.

— А я пожалею в два с лишним раза сильнее, — отозвался сквозь стиснутые зубы Рыбьеног, пританцовывая на месте от тревоги. — Подумаешь, ну поймает нас Обжора, что с того? Он всего лишь самый лютый вождь во всем варварском мире...

— Да в том-то и штука, что ему нас нипочем не поймать, — ухмыльнулась Камикадза. — Мы ведь поедем на спине невидимого дракона, а невидимых драконов никак не выследить. Потому-то они и есть крутое Секретное Оружие. Прекрати для разнообразия трястись, Рыбьеног, полезай сюда и глотни капельку настоящей жизни!

Рыбьеног вздохнул и забрался следом за Иккингом на спину крадкому дракону. Мальчики уселись и пристегнули ремни безопасности.

Длинные, аэродинамически изогнутые спинные шипы крадкого дракона взметнулись по обе стороны от них, так что седоки сделались так же невидимы со стороны, как и сам крадкий дракон.

— **Не могли бы вы отвезти нас в Остолопскую публичную библиотеку? Это на островке под названием Забудка, расположенном чуть правее Остолопских островов,** — вежливо обратился Иккинг к крадкому дракону.

Кто умеет дрессировать драконов, так это племя Душегубов. Крадкий дракон замер по стойке «смирно» и по-военному четко отрапортовал:

— **Так точно! Как прикажете! Жду дальнейших распоряжений!**

— **Ишшшь, п'па-паинька,** — пробурчал Беззубик.

— Ну... тогда... ПОЕХАЛИ! — взвизгнула Камикадза, бешено тряхнув поводьями. — Ййахоууу!

Крадкий дракон прыгнул в воздух в тот же миг, едва команда слетела с ее губ. Когда Иккинг перевел дух и начал поглядывать через край спинных шипов, дракон уже набрал немалую скорость. Олух казался бледно-лиловой тенью далеко за спиной, и до территории Остолопов оставалось полпути.

— Только посмотрите, какое у этой твари УСКОРЕНИЕ! УЙАХОУУ! — орала Камикадза сквозь рев ветра. — Ну согласись же, Рыбьеног, такое до конца жизни не забудешь!

Но Рыбьеногу было не до нее. Он опасался, что его вот-вот стошнит, и изо всех сил пытался этого не допустить.

Беззубик цеплялся Иккингу за плечо, словно возмущенная малиновка, уши у него так и хлопали на ветру.

— **И вовсссе Н'НЕ-НЕЗАЧЕМ так спе-пе-пешить... Н'НЕ-НЕЗАЧЕМ... Этот парень просто в'вы-выпенд-ривается...**

Как будто сам никогда не выпендривался.

Крадкие драконы летают быстро.

Они летают так быстро, что, когда впереди показалась библиотека и Иккинг сообразил, что Камикадза наврала про одинокого сторожа Мятого Косматого Библиотекаря и вокруг кишмя кишат

тяжеловооруженные Остолопские стражи и их дрелинги, — было слишком ПОЗДНО.

Крадкий дракон тихо, как шепот, уже пролетел над самым краем почерневших укреплений.

Невидимое существо зависло у стены главного библиотечного здания рядом с окном на высоте ста метров. И викинги один за другим переползли по невидимым крыльям на оконный карниз. Иккинг шепотом велел крадкому дракону держаться поблизости до их возвращения, и тот послушно кивнул:

— **Будет исполнено! Так точно! Буду по первому зову, мой господин!** — прошептал он в ответ и завис на небольшом, но почтительном расстоянии от окна.

Камикадза вползла в окно библиотеки первой. Рыбьеног, а за ним и Беззубик вползли следом, и только Иккинг остался стоять на крохотном осыпающемся карнизе.

Там он простоял несколько секунд, пока его внимание не отвлекла пролетающая дикая куцекрылая змеебелка. Тогда он потерял равновесие и с воплем соскользнул с карниза.

На этом-то месте мы и покинули его в первой главе.

Спустя всего пять часов с тех пор, как он проснулся в свой двенадцатый День рождения, Иккинг болтался в воздухе, одной рукой цепляясь за карниз в трехстах футах от земли, а Остолопская вооруженная охрана накладывала стрелы с серебряными наконечниками на тетивы луков и наклонялась спустить дрелингов с цепи.

6. ДОБРО ПОЖАЛОВАТЬ В ОСТОЛОПСКУЮ ПУБЛИЧНУЮ БИБЛИОТЕКУ

— АААААААААААААА! — орал Иккинг Кровожадный Карасик III, бешено раскачиваясь взад-вперед в попытках ухватиться за карниз второй рукой. — КРАДКИЙ ДРАКОН! НА ПОМОЩЬ!

Крадкий дракон с радостью помог бы ему. Однако, к сожалению, он не слышал отчаянных криков Иккинга. Он тоже заметил куцекрылую змеебелку, а кормили его последний раз накануне вечером.

Аппетит пересилил воинскую дисциплину, и крадкий дракон уже несся за несчастной змеебелкой, словно ястреб-перепелятник, в сотнях метров от библиотеки.

ДЗЗЗЗЫНЬ!

Зловеще острая стрела, пущенная из лука, едва не отхватила Иккингу кончик носа.

ДЗЗЗЗЫНЬ-ЧПОК!
ДЗЗЗЗЫНЬ-ЧПОК!

Еще две зловеще острые стрелы глубоко воткнулись в рюкзак у Иккинга на плече.

Спущенные с цепи рычащие дрелинги расправили черные крылья, взмыли в воздух и понеслись вверх. Рога-сверла на их рылах злобно взревели.

Две пары рук сомкнулись на Иккинговом запястье, и Камикадза с Рыбьеногом, упершись коленями в карниз, под ливнем стрел втянули друга наверх с силой, которой в себе и не подозревали.

И как раз вовремя.

Когда они протаскивали его сквозь окно в библиотеку, сверло дрелинга-вожака едва не продырявило Иккинговы пятки. К счастью, окно было слишком маленьким для такого огромного дракона, и зверь лишь разочарованно взвыл, увидев, что добыча ускользнула.

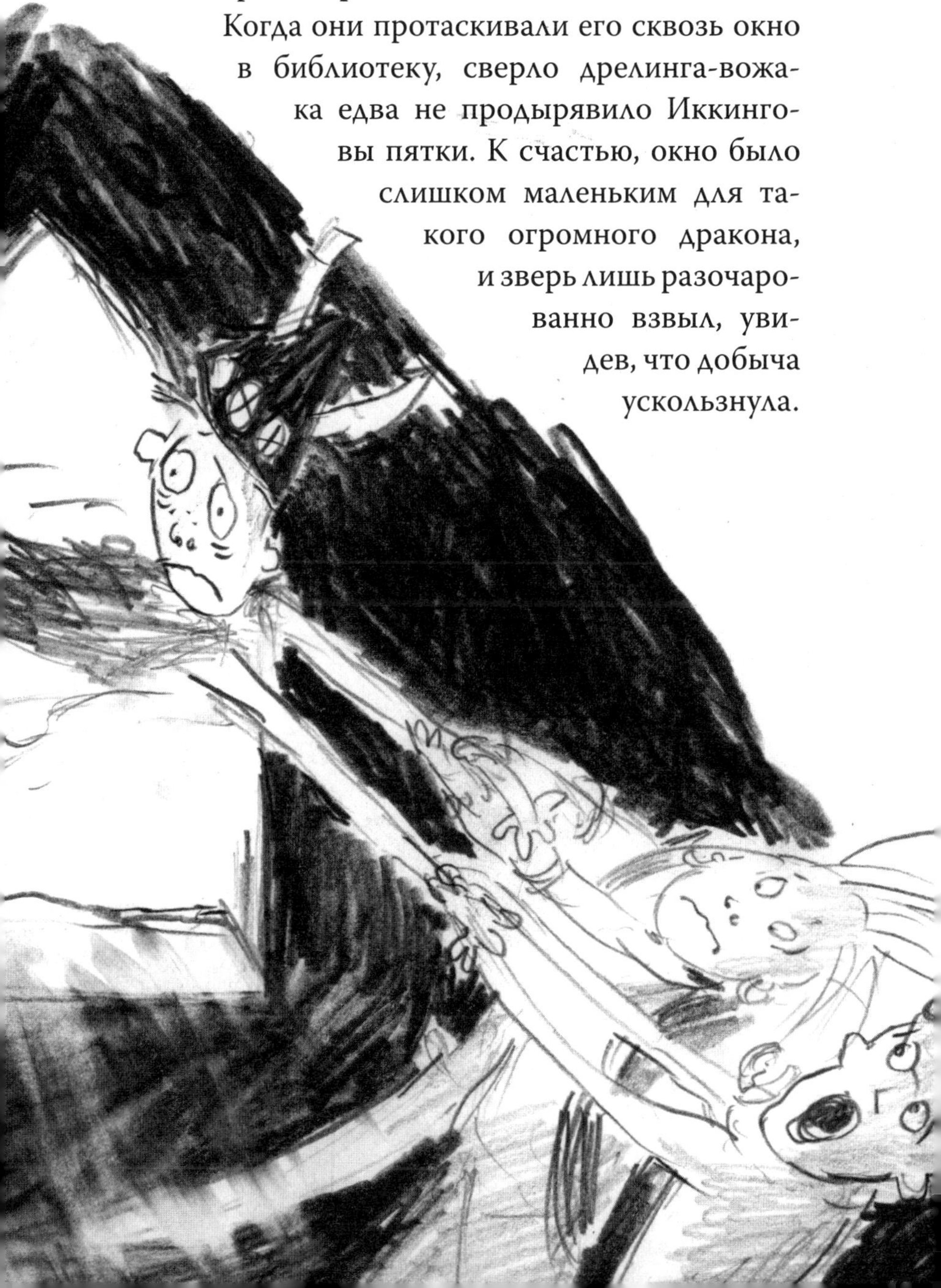

— Ох. Хвала Тору, ты в безопасности, — выдохнула Камикадза.

Теперь они все стояли в сумраке библиотеки, а дрелинги скрежетали сверлами и завывали снаружи.

— Ты называешь это безопасностью? — язвительно откашлялся Рыбьеног.

— АААААААААААААААААА!!!! — заорали Иккинг, Рыбьеног, Камикадза и Беззубик, шарахаясь назад, когда бешено вращающееся острое сверло

двух метров длиной вонзилось в воздух между ними.

Дрелинг-вожак не собирался признавать поражение.

Ослепленный яростью, он бросился на окно. Оно треснуло, и ему удалось просунуть в проем громадную башку и переднюю лапу.

ревел дрелинг, бешено мотая головой из стороны в сторону в попытках пропихнуться внутрь.

По бокам от окна возникли две громадные трещины, и кирпичная кладка взорвалась, засыпав комнату от пола до потолка. Чудовищная тварь ухватилась лапой за край проема и ПРОПИХНУЛАСЬ-таки вперед. Вот уже пролезло гигантское мускулистое плечо... Иккинг, остолбенев от ужаса, смотрел, как сверло вращается все быстрее. Еще пара секунд — и дракон окажется в комнате вместе с ними...

Иккинг схватил что под руку попалось — мраморную статуэтку Тора, стоявшую на постаменте поблизости, — и со всей силы запустил ею дракону в лоб.

По чистой случайности статуэтка попала твари прямо между глаз, полностью расплющив участок размером с большой прыщ, где как раз и помещался весь мозг дрелинга.

Даже дрелинги не могут обходиться без помощи мозга, пусть и крохотного.

Только что тварь рвалась вперед с диким ревом — и вот она обмякла, безвольная, как пучок водорослей, и дохлая, как динозавр. Конечности немного подергались и затихли.

Только сверло продолжало вращаться, но все медленнее и медленнее.

Трое викингов и один дракончик замерли в наступившей тишине сумрачной библиотеки. Вокруг них клубились, оседая, тучи пыли.

Сверло сделало еще несколько медленных оборотов и наконец остановилось.

— Ладно, — неуверенно шепнула Камикадза, — уж ТЕПЕРЬ-то мы в безопасности...

— В безопасности? В безопасности?! — гневно задохнулся Рыбьеног. — В безопасности мы окажемся, когда снова ступим на землю Олуха... И если бы не твоя БЕЗУМНАЯ идея, мы бы сейчас там и оставались. Да как ты вообще можешь говорить о безопасности, в наших-то обстоятельствах?!

— Ох уж эти мальчишки, — пожала плечами Камикадза, — вы такие паникеры. Нам всего-то надо найти книгу, стырить ее, удрать сюда, выбраться из окна, позвать старину Крадкого и улететь домой на Олух. Поверь мне, Рыбьеног, в этом нет ничего сложного. Смотри и учись, мой мальчик, смотри и учись.

— Ничего сложного? — взъярился Рыбьеног. — Ничего сложного?! Хорошо же, мисс Вернемся-к-чаю, и как, по-твоему, мы вылезем из окна теперь, когда оно наглухо заткнуто этим придурком?

Он взмахнул рукой, указывая на дохлого дрелинга, и впрямь намертво закупорившего окно.

Камикадза задумчиво хмыкнула.

— И это единственное окно, — напомнил Рыбьеног.

— Тогда нам просто придется выйти через дверь, — с вызовом ответила девочка.

— Ты о той двери, через которую в этот самый момент внутрь прут дрелинги и СОТНИ воинов по нашу душу? СОТНИ, тогда как ты утверждала, что библиотека охраняется всего ОДНИМ маленьким сумасшедшим Библиотекарем? — вежливо поинтересовался Рыбьеног сквозь стиснутые зубы.

— Я думала, вы меня и слушать не станете, если узнаете, что там больше одного охранника, — резонно ответила Камикадза.

— А вот не слушать тебя было бы Блестящей Идеей, — простонал Рыбьеног.

Тут что-то привлекло его внимание, и он обернулся — и, побелев пуще прежнего, полез на ближайшую колонну.

— Гляньте! — ахнул Рыбьеног, указав подбородком. — Пол! По-моему, он д-д-движется!

Узор на полу действительно двигался, волнообразными извивающимися линиями, плавно и завораживающе.

— А, это... — беззаботно отозвалась Камикадза. — Это просто жгучие зудни.

— Жгучие зудни! — пискнул Рыбьеног и попытался взобраться еще выше по колонне.

Жгучие зудни, крошечные, похожие на червяков дракончики, кусаются значительно больнее, чем муравьи или осы.

— Все в порядке, — ободряюще заявил Иккинг, внимательно рассмотрев зудней. — На нас обувь из драконьей кожи, пока что они нас не тронут. Главное — не касаться пола ничем незащищенным. Зудни прокусывают обычную ткань, а стоит им почувствовать вкус крови, они облепят тебя с ног до головы. Но ты могла бы нас ПРЕДУПРЕДИТЬ, Камикадза! — Иккинг раздраженно поцокал языком.

— НЕРВНЫЕ КАКИЕ! — фыркнула Камикадза.

Рыбьеног слез с колонны и осторожно поставил ноги в драконьих башмаках на пол.

— И еще одна мелочь, — проворчал он, — не знаю, заметили ли вы, но эта библиотека устроена по принципу ЛАБИРИНТА. Как нам найти дорогу и не заблудиться?

— Ой, об этом я позаботилась. — На сей раз голос Камикадзы звучал более уверенно. — Нам надо всего лишь следовать за Буримухой. Буримуха нигде не заблудится.

Она сняла с плеч рюкзак, порылась в нем и осторожно извлекла наружу Нечто.

Нечто оказалось охотничьим драконом цвета блестящей золотой монеты.

— Это твой дракон?— спросил Иккинг. — Я даже не знал, что у тебя вообще ЕСТЬ дракон.

— Драконы есть у всех, — отозвалась Камикадза с изрядным удивлением. — Но у моей драконихи весьма независимый нрав. Нам нет нужды все время болтаться вместе, как вам, парни. Просыпайся, Буримуха, ты мне нужна...

Она пощекотала золотую дракониху за ушами, чтобы разбудить ее. Та проснулась с мяукающим зевком, и Камикадза едва успела отдернуть руку, чтобы любимица ее не цапнула.

Две секунды спустя маленькая красавица полностью проснулась, обернулась вокруг Камикадзиных лодыжек, потом взобралась ей на плечи такой беспокойной золотой струйкой, что Иккинг не мог разобрать, к какому виду она относится.

— Красивый дракончик, — сказал Иккинг, — но что это за порода?

Не успел он закончить фразу, как ответ стал ему очевиден. Услышав, как ее назвали красивой, дракониха преобразилась — золотые чешуйки вспыхнули розовым и вдруг налились алым, словно небо на закате, только гораздо быстрее.

— Капризавр! — потрясенно воскликнул Иккинг. — Но они же невероятно редкие! Никогда еще их не видел...

— Капризавры? Редкие? — фыркнула Камикадза. — Подумаешь! Моя еще и говорит по-викингски, вот!

Иккинг ахнул.

Скальды рассказывали, что когда-то, давным-давно, драконы и люди говорили друг с другом запросто, как мы с вами. Но Иккинг не знал никого среди своих современников, кто умел бы разговаривать по-драконьи, как он. А драконы, конечно, более или менее понимают язык викингов (они зовут его болботалищем), однако Иккингу до сих пор не доводилось встречать дракона, способного говорить на нем.

— Только она все время завирается, — предупредила Камикадза.

— И вовсе я не завираюсь! — возмущенно возразила капризавриха на безупречном древненорвежском.

Но чешуйки выдали ее, мгновенно став из нежно-розовых ядовито-лиловыми.

— Видите! — ухмыльнулась Камикадза. — Она всегда заливается фиолетовым, когда врет. Не врать она не может, такова уж ее природа. Давай же, Буримуха, без тебя нам ни за что не выбраться из этих книжных дебрей...

Похоже, лесть помогла капризавру забыть обиду, потому что Буримуха сменила оттенок с лилового на солнечно-желтый и по-кошачьи вспрыгнула Камикадзе на макушку.

— Кто этот Тревожный Конопатый Мальчик и кто — мой зеленокровный соплеменник? — мягко промурлыкала Буримуха, глядя сверху вниз на Беззубика смеющимися желтыми глазами.

Беззубик вел себя очень странно. У него порозовели основания рожек, и глядел он прямо перед собой взглядом остекленевшим, словно у чучела.

— **Он — Иккинг, а я — Б'бе-беззубик,** — сипло ответил он. — **Очень редкий беззубый дрем. Очень ррредкий и очень свирррепый.**

— **Привет, Б'бе-беззубик,** — восхитилась Буримуха, изящно помахивая желтым хвостом. — **О-о, ты и впрямь выглядишь свирепым... Свирепая красота. Какие у тебя ловкие крылышки!**

Беззубик выпятил грудь и, преисполнившись гордости, сделал мертвую петлю. Он так увлеченно выпендривался, что даже не заметил, как озорная улыбающаяся мордочка Буримухи медленно превратилась из желтой в лиловую.

— Это все, конечно, здорово, но все равно непонятно, что мы будем делать, когда найдем книгу, — встрял Рыбьеног, упрямо придерживаясь мрачного взгляда на будущее.

— Ну, — сказал Иккинг, — можно либо сидеть здесь, впадая в уныние, либо пойти и попробовать отыскать экземпляр «Как приручить дракона» этого профессора Дряблинга и надеяться, что по ходу что-нибудь придумаем. Но что бы мы ни выбрали, НАЗАД ПУТИ НЕТ.

Это было дельное замечание.

— Ладно, Буримуха, — сказала Камикадза, — отведи нас в раздел «Приручение животных»...

Буримуха изящно понюхала затхлый библиотечный воздух. Ее нежный носик сморщился от отвращения.

— Налево, — объявила она, и Камикадза немедленно свернула направо.

— Кхм... надо слушать, что она говорит, и делать наоборот, — пояснила девочка.

— Круто! — саркастически улыбнулся Рыбьеног. — Наш верный проводник в лабиринте смерти — записная врунья! Лучше и быть не может, честно...

— Ой, ну хватит уже ныть, Рыбьеног, — легкомысленно парировала Камикадза. — Все всегда кончается хорошо... Один Тор знает почему...

И вот Иккинг с Рыбьеногом на цыпочках пустились по длинным извилистым коридорам в темное, запутанное сердце библиотеки следом за Камикадзой и Буримухой. Беззубик, хлопая крылышками, замыкал процессию.

Беззубик вел себя очень странно...

7. ВЫСОКО В ДУШЕГУБСКИХ ГОРАХ

Рыбьеног помрачнел бы еще больше, если бы знал, что происходило в это время высоко в зловещих отрогах Душегубских гор, где располагалось логово Душегубов.

Гости к Душегубам заглядывали нечасто. Возможно, другие племена обходили их стороной из-за не очень-то приятной привычки хозяев приносить непрошеных гостей в жертву Небесным Драконам на вершине Душегубской горы. А может, из-за ЗАПАХА.

Душегубы питались исключительно тухлой селедкой, пролежавшей не меньше месяца, фаршированной маринованным чесноком и тухлыми же яйцами, запивая ее пивом в огромных количествах. Сами понимаете, на такой-то диете кто угодно завоняется.

Как бы то ни было, большую часть времени племя Душегубов без помех наслаждалось миром и покоем своего зловещего дома высоко в горах. Благодаря их репутации никто не приходил по-дружески умыкнуть у них овцу или угнать оленя — чисто по-соседски, по-викингски, как было принято на всем остальном архипелаге.

Поэтому, когда Берта дерзко увела у них новейшее Секретное Оружие, Душегубы едва смогли в это поверить.

Подручный Обжоры, Проглот, ползал на коленях в пыли перед открытыми дверями стойла, вглядываясь в мешанину следов и тыкая почву пальцем руки в черной перчатке. В этом деле ему помогали пятеро гигантских драконов-нюхачей. Они, словно гончие, бороздили громадными ноздрями землю в поисках запаха.

Проглот таскал на себе устрашающий арсенал Обжоры.

Пятьдесят воинов-Душегубов и сам Обжора наблюдали за работой Проглота.

— Украли! — не веря себе, прошипел Проглот. — Клянусь Бородой Великого Вонючего Тора и его Волосатыми Пальцами, крадкий дракон Вашей Свирепости УКРАДЕН!

Одной из самых жутких черт Обжоры было то, что он не говорил.

Никто не знал почему. Одни утверждали, что у него нет языка, другие — что он потерял голосовые связки. Как бы там ни было, никто никогда не слышал от него иных звуков, кроме глухого ворчания. Сейчас он заворчал.

Проглот угодливо вскочил на цыпочки, а Обжора яростно принялся ворчать ему что-то в сальное ухо.

— Верховный Душегуб ОЧЕНЬ РАССТРОЕН, — рявкнул Проглот собравшимся вокруг молчаливым воинам. — Он приказывает вам выследить и схватить вора до заката, а не то он продаст вас всех в рабство Страхолюдам!

Тут нюхачи зашипели, загавкали и принялись громко хлестать хвостами от возбуждения — они наконец взяли след похищенного крадкого дракона.

— За ними! — выкрикнул Проглот, бегом направляясь к своему дракону, чтобы оседлать его. — И по приказу его свирепости Обжоры Душегуба тот, кто поймает грабителя с поличным, получит сегодня дополнительную порцию тухлых яиц к селедке!

Племя Душегубов помчалось к верховым драконам. Следом за нюхачами они взлетели и устремились на восток, туда, где вдалеке виднелся остров Забудка.

Гости в племени Душегубов появлялись не часто

8. НАЗАД ПУТИ НЕТ

Единственное окно библиотеки было наглухо заткнуто жирной тушей дохлого дрелинга, и дневной свет не проникал в гигантский бесконечный лабиринт. Стен было не видно из-за книг. Тысячи и тысячи книжных стеллажей тянулись от пола до потолка, освещенные лишь призрачным сиянием лепившихся к стенам драконов-светляков и бледно-алым свечением извивающихся зудней.

Иккинг шагал вперед, дрожа не только от холода, но и от страха.

В библиотеке было зябко. Такой темный, сырой холод поселяется в местах, которые не видели света так давно, что уже забыли, как он выглядит. Унылые, пропитанные влагой помещения пахли тишиной и тайнами. Библиотека казалась Иккингу несчастным, одиноким морским чудовищем — всеми покинутое, оно умерло в каком-то забытом богами углу и теперь медленно разлагается.

И еще тут было ЖУТКО. Некоторые залы наполняли удушливые облака пыли, а в других светляки не светились, и дорогу приходилось нащупывать в абсолютной темноте.

В третьих полки явно пережили нападения дрелингов.

Вдалеке слышалось призрачное эхо криков воинов Остолопов и гавканье их дрелингов — охрана зашла через дверь библиотеки и начала поиск трех Незваных Викингов. Но ведь библиотечный лабиринт так велик... Ну и пусть преследователей много, все равно им понадобится куча времени, чтобы найти нарушителей, правда же?

Возможно, у Иккинга разыгралось воображение. Точнее, разнервничалось и принялось метаться, словно несчастная пташка, которая залетела в комнату и бьется о стены в лихорадочных поисках окна. Как бы там ни было, ему упорно мерещилось, будто позади кто-то сопит и принюхивается.

Порой на краю зрения мелькали и исчезали за неразличимым углом тени.

Беззубик больше не летел следом. Он заполз Иккингу под меховую безрукавку, шипы у него на спине встали дыбом от страха и тревоги.

— **Тут'та небезоп'па-пасно...** — шептал он. — **Тут П-П-ПЛОХИЕ... поверь Б'бе-беззубику... Б'бе-беззубик знает...**

Но, невзирая на ужас, Иккинга переполнял восторг: это надо же, чтобы такое

— УХ ТЫ! — выдохнул
Иккинг. — Да если
хорошенько поискать,
здесь можно найти
ответы на
ВСЕ ВОПРОСЫ...

множество книг — в одном месте и в одно и то же время! Конечно, он сам заполнял тетрадки своими каракулями, но, поскольку книги были запрещены наказом Тинга, до сих пор ему доводилось держать в руках только одну настоящую книгу: экземпляр «Как приручить дракона», ныне уничтоженный Беззубиком. И эта книга Иккинга не особенно впечатлила.

На его взгляд, ей несколько не хватало слов.

Но здесь... он словно попал в пещеру, полную сокровищ.

— Ух ты, — выдохнул Иккинг, — да если хорошенько поискать, здесь можно найти ответы на все вопросы...

Тут были книги толстые и тонкие, бесчисленные тома ветхой «Варварской энциклопедии», путеводители по архипелагу и странным, затерянным, далеким землям, о которых Иккинг слышал только от скальдов, и имена этих стран звучали словно названия драгоценных камней — Россия, Китай, Индия, Африка, Япония...

Существуют ли эти края на самом деле, или они такая же выдумка, как единороги? Иккингу страшно хотелось остановиться и вытащить пыльные карты... Неужели правда где-то есть земля столь жаркая, что днем мозги вскипают и испаряются, земля, где какие-то «слоны» летают над стадами мирных «фламинго», странствуя по миру, теплому, словно хлеб из печи?

Поверить было очень трудно, и Иккинг сгорал от желания узнать ответы.

Сгорал, но шел дальше, не останавливаясь.

Они испытали огромное облегчение, когда Камикадза победно провозгласила, что они добрались до раздела «Драконы и другие необычные создания».

— Так, кто там ее написал, напомни, — попросила Камикадза.

— Профессор Дряблинг, — ответил Иккинг.

— Это где-то здесь. — Рыбьеног опустился на колени в углу зала. — В... Г... Д, Дряблинг... Торова отрыжка, он еще написал про то, как разводить АКУЛ в домашних условиях! Чем этот человек вообще думал? О, вот она! «Как приручить дракона»!

И впрямь, это была точно такая же книга, как та, что столько лет пролежала в Зале Собраний Хулиганов, а теперь скрывалась у Иккинга под кроватью, подранная в клочья острыми коготками Беззубика. Ну или почти такая же.

— Это второе издание, — указал Рыбьеног.

— Никто не заметит, — отмахнулся Иккинг, ликующе выхватывая добычу у Рыбьенога из рук и проверяя, все ли на месте.

Все определенно было на месте: большая красивая обложка с виньетками, а внутри три золотых священных слова, в коих и заключались все Дряблинговские рекомендации по предмету: «ОРИТЕ НА НЕГО!»

Однако спустя двадцать лет кропотливых исследований во втором издании автор сделал принципиально важное дополнение: «ГРОМКО».

Не ахти как много, но Хулиганы благоговейно следовали этому совету поколение за поколением.

Иккинг засунул драгоценную реликвию в рюкзак.

— Только взгляните на все эти невероятные книги по драконам! — воскликнул он в восхищении. — «Викингские драконы и их яйца»! «Драконы Ледяных Глубин»! «Драконы Стылого Севера»! Только подумайте, как бы они пригодились викингским племенам, будь нам позволено их прочесть...

— Не хочу вас торопить, — перебил Рыбьеног, — но нам вроде как грозит опасность, забыли?

— Может, ты и прав, — согласился Иккинг. — У меня такое жуткое чувство, словно за нами следят...

— Почему ты так думаешь? — встревоженно пискнул Рыбьеног.

— Ну-у, просто мне так кажется... — отозвался Иккинг. — Разумеется, я могу ошибаться. В какой стороне выход, Буримуха?

— Направо, — ответила драконица.

И Камикадза как раз собиралась свернуть за угол налево... когда из теней, из ниоткуда, возникло высокое тощее Страшилище и заступило дорогу.

— Тишина в библиотеке, — просипело Страшилище.

С мерзким скрежетом оно вытащило из ножен Сердцерез и приставило его к Камикадзиному лицу.

— Тсссссссссс... — шепнуло Страшилище.

9. МЯТЫЙ КОСМАТЫЙ БИБЛИОТЕКАРЬ

Страшилище оказалось человеком, высоким и тонким, как ручка от швабры, с копной всклокоченных волос и бородой такой длинной, что впору ноги вытирать. Бороду он заткнул за пояс вместе с целым арсеналом жуткого вида оружия — топорами, мечами и страшным северным луком.

Иккинг мгновенно узнал Мятого Косматого Библиотекаря собственной персоной, поскольку много раз видел его в Круге Старейшин. Однако почему-то под открытым небом, окруженный другими викингскими воинами старик не выглядел и вполовину таким страшным. Здесь же, в стылом сердце своей библиотеки, с холодными, печальными, полуслепыми глазами и надтреснутым шепотом, словно в горле у него полно битого стекла, — здесь он казался по-настоящему жутким.

— Библиотека закрыта, — прокаркал Мятый Косматый Библиотекарь.

Камикадза отпрянула.

— Эмм... да... на самом деле мы как раз уходили... — заговорила она, тихо вытаскивая собственный меч.

— Тсс... — прервал Библиотекарь. — У твоего друга в рюкзаке одна из моих книг. Выносить книги из библиотеки СТРОЖАЙШЕ ЗАПРЕЩЕНО. Отдайте ее мне, пожалуйста, или я, увы, буду вынужден убить вас.

Иккинг тоже вытащил меч.

(Рыбьеног *попытался* вытащить свой, но, к несчастью, тот намертво застрял в ножнах.)

— Мне очень-очень жаль, — ответил Иккинг вежливо и вполне искренне, поскольку от природы не был вором, — но эта книга мне очень-очень нужна. Вопрос жизни и смерти. — И добавил менее вежливо, не в силах сдержать возмущение: — И это не только ВАШИ книги, они принадлежат всему викингскому народу. Нам ВСЕМ должно быть дозволено их читать, и эта библиотека на самом деле должна быть открыта для Читателей. Все эти знания очень важны.

— Что ж, мне тоже очень жаль, — прошамкал Мятый Косматый Библиотекарь, печально качая головой и вытаскивая левой рукой еще один меч. — Но я считаю, что это МОИ книги, и только МОИ. — В его безумных слепых глазах вспыхнул злорадный и алчный блеск. — Наверное, вам стоит поднять этот вопрос на Тинге... однако я не уверен, что к вам прислушаются, поскольку книги считаются ОПАСНЫМИ и строго запрещены наказом того же Тинга. И более того, вам вряд ли удастся выйти на Тинг, поскольку вы сейчас УМРЕТЕ.

И Библиотекарь, сжимая в каждой руке по мечу, бросился на Иккинга с Камикадзой. Завязался бой.

— Не могли бы мы обсудить это как разумные люди? — спросил Иккинг, отпрыгивая с пути бритвенно-острого Сердцереза и отражая его собственным выпадом.

— А кто сказал, что я разумный человек? — удивленно прошепелявил Библиотекарь.

— **Вмажжжь ему!** — завывал Беззубик, как все драконы не чуждый кровожадности. — **Порррви, нашинкуй, затопч'чи, закусай его и забери все его яйц'ца!**

Библиотекарь оказался искуснейшим мастером боя на мечах. Иккинг с Камикадзой были не самыми слабыми противниками, а Библиотекарь сражался с ними обоими одновременно.

— Ого-о, для Безмозглого Остолопа ты и правда крут, — восторженно воскликнула Камикадза, когда он отбил ее Хитрый Финт Ушами с Двойным Подвывертом и ответил Кулаком Тора и парой Выкрученных Выкрутасов.

Камикадза обожала упражняться в бою с по-настоящему сильным противником.

— Тихо, — прошипел Мятый Косматый Библиотекарь. — Если только не хотите, чтобы нас обнаружили дрелинги. Принять гибель от дрелинга — уж очень неопрятный способ УМЕРЕТЬ. Смерть на острие моих Сердцерезов гораздо чище, но дело ваше, разумеется...

Иккинг был в прекрасной форме. Он чисто уходил от самых яростных ударов библиотекарского

меча и сам применял довольно дерзкие приемы. Меч Камикадзы вращался, как торнадо.

Беззубик и Буримуха помогали хозяевам, как могли: подбадривали их грубыми криками и старались отвлечь Библиотекаря, норовя цапнуть его и тут же убраться подальше.

Но Библиотекаря драконьи укусы, похоже, совершенно не волновали. Он был взрослый воин, гораздо сильнее и крупнее юных Хулиганов, хладнокровный и ловкий, как жонглер. Он без труда сражался с двумя противниками, и каждый его выпад был направлен одному из них в сердце.

— Слушай, Камикадза, мне это не нравится, — чуть нервно заметил Иккинг, когда Библиотекарь отразил его Левосторонний Пронзающий Выпад С Двойной Отдачей. — По-моему, этот дядя может оказаться Громагистром, как Неимоверный Крутняк*.

— Знаешь, я сама как раз об этом думаю, — с интересом отозвалась Камикадза. — Только Громагистр знает, как парировать Нахлыст... как отбить Перевес... и Золотой Вертел... и уцелеть, чтобы рассказать об этом...

Звание Громагистра было высшей ступенью среди Мастеров Меча. Все они учились у самого Великого Молниеноса в его школе фехтования «Гром и Молния» и не знали поражений.

— Я и есть Громагистр, — прохрипел Мятый Косматый Библиотекарь, его жуткая ухмылка смахивала на оскал черепа, — и я расстегну вас своими Сердцерезами... от уха, — Мятый Косматый

---

* См. «Как разбудить дракона», пятый том мемуаров Иккинга К. К. III.

Библиотекарь сделал выпад вправо, целясь Камикадзе в горло, и она еле успела отбить его клинок, отделавшись царапиной, — ...до брюха... — Мятый Косматый Библиотекарь сделал выпад влево, целясь Иккингу в живот, и Иккинг еле успел вовремя опустить свой меч, так что получил лишь крошечную ссадину.

— Рыбьеног! — срывающимся голосом крикнул Иккинг. — На помощь! Поищи вон там, в разделе «Как драться на мечах». Мне отсюда видно книгу Молниеноса, а в ней может говориться, как победить Громагистра...

Рыбьеног последние десять минут силился извлечь меч из ножен. Теперь же он метнулся в раздел «Как драться на мечах» и повел дрожащим пальцем вдоль полки на букву М.

— Мертвопрах... Молотила... Вот он! Молниенос! — Он вытянул большую толстую книгу под названием «Бой со вкусом» и зашелестел страницами, ища параграф «Громагистры».

Мятый Косматый Библиотекарь тем временем недоумевал: почему бой продолжается так долго? Десять долгих лет он совершенствовал свое мастерство на индивидуальных уроках прославленного Молниеноса, в итоге получил звание Громагистра и с тех пор привык, что схватки с ним не затягиваются.

Ладно, на сей раз у него два противника, но это же дети. Один тощий, как креветка, а вторая вообще белобрысая пигалица. Надо признать, они исключительно хорошо дерутся — для детей, но тем не менее он уже пять минут как должен стоять над их трупами, вытирая кровь с Сердцерезов кончиком бороды.

— Почему вы еще целы? — удивленно прошипел Мятый Косматый Библиотекарь. — Вы ж такие мелкие и хилые. Не пойму, как это я до сих пор не покрошил вас в котлету...

Однако Мятый Косматый Библиотекарь попрежнему не сомневался в успехе.

Он собрался с силами для последней атаки, закрыл глаза, чтобы не отвлекаться и лучше проводить энергию великого бога Одина... и со смертоносной точностью послал клинки влево и вправо.

Сердцерезы одновременно выбили мечи у Иккинга и Камикадзы и ринулись к их сердцам, словно самонаводящиеся ракеты...

...а Рыбьеног тем временем лихорадочно листал страницы «Боя со вкусом» и бормотал:

— Выпады... Парирование... Двойное колесо... От мешка устриц и то больше толку!

И тут он заметил опасность, грозящую друзьям.

Рыбьеног перехватил поудобнее тяжеленный «Бой со вкусом» и со всей силы запустил его Мятому Косматому Библиотекарю в голову.

Г. МОЛНИЕНОС
Бой со вкусом

Большинство викингов не имеют НИ МАЛЕЙШЕГО ПОНЯТИЯ о бое на мечах. Для них поединок – это настучать друг другу по голове, громко похрюкивая. Лишь гений, подобный мне, Громагистру Молниеносу, способен научить этих бедных невежественных мужланов изящному искусству выпадов, парирования и возвратного левостороннего перевеса.

← На портрете вы видите МЕН Громагистра Молниеноса, еще прекраснее и ослепительнее чем в жизни. Обратите внимание на мои стильно завитые усы и великолепны бугры МЫШЦ! Почему-то собратья-викинги всю жизн на меня НАПАДАЮТ – из зависти, полагаю. Это заставило меня поднять искусство фехтования до невиданных высот. Теперь я в нем ПРОСТО НЕОТРАЗИМ. Здесь я попробую описать самые простые приемы как можн доходчивее, чтобы даже безнадежный идиот вроде тебя смог понять.

Основные приемы
1.
Пляска Смерти
(важно, чтобы пятки так и мелькали)
2.
Старый трюк „Это там не куцекрылая змеебелка, часом?" по-прежнему отлично работает.
3.
Ого!
а.
Б.
В.
Молниеносное сальто
Только если шлем сидит плотно
4.
(Это не
в процесс
но оно
Финт „Я-как-бы-умер"

Завораживающее
Мельтешение
Главное-
самому
не запу-
таться
Старый трюк
„С закрытыми
глазами мне
даже проще"

Удар ногой в живот
в прыжке с одновременным
как-его-там финтом
Береги
спину!
Помни:
старость-
не радость

Правило 46. Только спокойствие!
Герой остается невозмутим, спокоен и собран в любых, сколь угодно трудных обстоятельствах.

Все, что вы хо
о БОЕ НА МЕЧ
...И ДАЖЕ БОЛ
Школа боя на мечах „Гром и Молния
единственное место, куда стоит
отправиться, если вы хотите научиться,
драться на мечах. Чтобы добраться до нее
надо одолеть опасности драконьих
нерестилищ в Кровавом заливе.
Но эта книга поможет вам выучить все
приемы, не выходя из дома!
Герои о книге „Бой со вкусом":
„Молниенос — гений!"
Громагистр Молниенос
„Он научил меня всему, что я знаю."
Неимоверный Крутняк, великий герой

Книга впечаталась старику в лоб с уверенным «ШМЯК!», и Мятый Косматый Библиотекарь, и без того стоявший не вполне устойчиво из-за одновременных выпадов влево и вправо, поскользнулся на библиотечном полу. Сердцерезы взмыли вверх, благополучно миновав цели, до которых оставались последние миллисекунды, а Мятый Косматый Библиотекарь зашатался... потерял равновесие окончательно и тяжело рухнул на пол... по пути хлестнув тыльной стороной ладони Буримуху.

Мятый Косматый Библиотекарь носил драконовые сапоги выше колена, но зад его прикрывали только кожаные штаны. А как вы помните, пол библиотеки патрулировали жгучие зудни.

Поэтому в тот миг, когда тощая библиотекарская задница коснулась пола, бесчисленные мириады крохотных зудней роем окутали его мятое тело и косматую голову и хлынули в драконовые сапоги.

Мятый Косматый Библиотекарь вскочил, словно его ударило током.

В библиотеке ни в коем случае нельзя шуметь, и уж это он знал лучше, чем кто бы то ни было. Библиотекарь уронил мечи, зажал себе рот и побагровел от сдерживаемого хохота.

При нападении жгучих зудней ощущение такое, словно вас щекочут по всем-всем нервным окончаниям одновременно.

Это бесконечно хуже, чем муравьи в штанах. Мятый Косматый Библиотекарь скакал как безумный и отчаянно пытался чесаться локтями.

— ММММММФФФФФФ, — булькал он. — ММММФФФ.

Зудни методично продвигались вниз по голенищам его сапог и наконец добрались до пяток.

Мятый Косматый Библиотекарь сдался.

Он позабыл про закон тишины.

Он позабыл обо всем.

Впервые за двадцать пять лет Мятый Косматый Библиотекарь расхохотался.

— ХА-ХА-ХА-ХА-ХА-ХА-ХА-А-А-ХХА-ХА-ХА-ХА-ХА-ХА-ХА! — ревел он. — ХА-ХА-ХА-ХИ-ХИ-ХИ-ОХ-РАДИ-ТОРА-ПРЕКРАТИТЕ-ХАА-ХА-ХХХА-А-А! ХИ-ХИ-И-И!

А затем он рванул к выходу — оставаться в библиотеке было нельзя. На бегу он продолжал хохотать, чесаться и истерически вопить:

— СПАСАЙТЕСЬ! ХИ-ХИ!

БЫСТРО И ОРГАНИЗОВАННО ДВИГАЙТЕСЬ К ВЫХОДУ!

НЕ ТОЛКАТЬСЯ!

НЕ ПИХАТЬСЯ!

ХА-ХА-ХА-ХА-ХА!
ЭВАКУИРОВАТЬ БИБЛИОТЕКУ!
ХА-ХА-ХА-ХА-ХА!

Иккинг, Рыбьеног и Камикадза отлично понимали, что сейчас самое время внять его совету.

Но им уже было не до Мятого Косматого Библиотекаря.

Камикадза подобрала безвольное тельце Буримухи и баюкала его в объятиях.

— Просыпайся, маленькая врушка... — шептала девочка. — Ну, давай же... ты не можешь так со мной поступить...

А Беззубик — Беззубик, в жизни не беспокоившийся ни о ком, кроме себя! — едва не плакал и лизал Буримухе лапку, пытаясь разбудить ее.

10. ОЧЕНЬ КРУПНЫЕ НЕПРИЯТНОСТИ

Буримуха сделалась белой как снег. Выглядело это не очень-то обнадеживающе... Но спустя несколько минут золотистый оттенок начал возвращаться, ресницы ее затрепетали, и красотка наконец открыла глаза.

— Она ж-ж-жива! — радостно завопил Беззубик и перекувырнулся в воздухе.

— Хвала Тору, — выдохнула Камикадза. — Как ты себя чувствуешь?

— Как дракон, которого стукнули по голове, — ответила Буримуха, потирая большую шишку, выпучившуюся между рожками. — А ты кто?

— В смысле, кто я?! — удивилась Камикадза. — Камикадза, разумеется... твоя хозяйка.

— А это что за похожий на рыбу мальчик? А вон тот тощий, рыжий, весь в веснушках? И, самое главное, КТО Я и почему... — спросила Буримуха с нарастающим ужасом, — почему я говорю на болботалище?

— Ты Буримуха. Ты всегда говорила по-викингски, — заикаясь, ответила Камикадза. — Хватит паясничать, Буримуха, у нас тут неприятности...

— Я не шучу, — сказала Буримуха.

И Иккинг с тревогой заметил, что при этих словах на ее коже не появилось даже намека на лиловый оттенок.

— Что я делаю в этом ужасном холодном подземелье? — спросила Буримуха.

— Это долгая история, — торопливо ответил Иккинг. — Но вот что важно, ты можешь вспомнить, как отсюда ВЫЙТИ?

— Ну... — Буримуха снова потерла шишку. — Я не помню, как я попала ВНУТРЬ, как же я вспомню, как выйти НАРУЖУ?

Повисло нехорошее молчание. Трое юных викингов внезапно осознали, что они угодили в большие неприятности.

Большие, большие, БОЛЬШИЕ неприятности.

Казалось, в библиотеке стало еще темнее с тех пор, как Мятый Косматый Библиотекарь с воплями вылетел из комнаты. Светляки один за другим тускнели. Громкие крики и хриплый истерический хохот Мятого Косматого Библиотекаря эхом отдавались в извилистых коридорах.

Словно сама библиотека смеялась над ними.

— Хе-хе-ХЕ-ХЕ... — самодовольно похохатывала она. — ХЕ-ХЕ-ХЕ-ХЕ-ХЕ...

А в голове Иккинга беспокойно вибрировало еще одно эхо, складываясь в слова: «Тихо... а то дрелинги найдут вас... и поверьте мне, вам не хочется, чтобы дрелинги вас нашли... это весьма неопрятный способ умереть...»

Иккинг с трудом сглотнул.

Библиотека прекратила смеяться, и теперь тишина казалась такой громкой и такой плотной, что ее почти можно было потрогать.

Иккинг напряженно вслушивался, пытаясь расслышать хоть что-то сквозь эту ватную черноту.

Что это за приглушенное сопение? Драконы взяли след? А это что за легкое постукивание? Топот бегущих ног? А это тонкое зудение далеко позади? Эта тихая и мрачная пульсация? Вдруг это воют сверла дрелингов — пока еще где-то вдалеке?

— Ладно, — шепнул Иккинг. Сердце его выбивало неровную дробь, но он старался, чтобы голос звучал спокойно. Никто больше вроде бы не слышал звуков, которые слышал он, и он решил не пугать друзей попусту. — Давайте пойдем наугад — может, на ходу к Буримухе вернется память. Куда сначала, Буримуха?

— Ты ко мне обращаешься? — уточнила Буримуха, тыча себе крылышком в грудь.

— Да, — шепнул Иккинг. — Ты Буримуха, это твое имя.

— Хорошее имя, мне нравится, в нем есть стиль, — заметила дракониха, очень довольная собой. — Но я не имею ни малейшего представления, куда идти. Направо?

— Так... значит, нам надо направо? — спросил Рыбьеног. — Или налево? Как думаешь, от удара по голове она перестала врать?

— Она по-прежнему золотая, — отозвался Иккинг, приглядевшись к драконихе в темноте. — Думаю, мы пойдем направо.

— Все лучше и лучше, — заявил Рыбьеног. — Теперь наш верный Проводник не только врет как дышит, но еще и ничего не помнит... Великолепно. Непревзойденно. ИСКЛЮЧИТЕЛЬНО.

— Так это все ты виноват, — рявкнула Камикадза. — Нечего было вмешиваться в бой. Мы почти

УКОКОШИЛИ этого парня! Он стоял точно там, где нам было нужно!

— Точно там, где вам нужно? — фыркнул Рыбьеног. — Точно-точно?! То есть тебе было нужно, чтобы он сделал из тебя люля-бойбаб? А я-то, дурак, думал, что спасаю тебе жизнь и, может, ты мне даже спасибо скажешь, хотя бы крохотное, вот такусенькое спасибо... Но не-ет, тебе не НАДО БЫЛО, чтобы он тебя прикончил...

— Потише нельзя? — прошипел в панике Иккинг, пускаясь следом за Буримухой, которая, хлопая крыльями, полетела направо.

От удара по голове драконица стала хуже летать. Она передвигалась зигзагом, беспорядочно ныряла в воздухе и натыкалась на предметы.

— Извините, — поклонилась Буримуха очередной полке. — Сюда, ребята. Похоже, память возвращается...

Уверенность Буримухи весьма их воодушевила, несмотря на то что дракониха продолжала натыкаться на стены и шкафы. Но спустя примерно полчаса беготни по библиотеке и непопадания никуда вообще уверенности поубавилось.

— Буримуха, ты ведь понятия не имеешь, где мы находимся, да? — пропыхтел Рыбьеног.

— Ну-у-у, — протянула Буримуха, — вроде бы огромное жуткое место, набитое кучами КНИГ...

Сдаюсь... это школа?
СЮДА, РЕБЯТА! — И она воодушевленно перекувырнулась в воздухе.

— Ой, ради Тора... — простонал Рыбьеног, ковыляя следом за остальными.

Минут десять спустя он, хватая ртом воздух, призвал всех остановиться.

— Мне надо немного отдохнуть... — просипел бедняга Рыбьеног. — И что-то мы все никак никуда не придем, а?

— Ладно, — шепнул Иккинг, нервно озираясь. Шумы приблизились, но остальные по-прежнему ничего не замечали. — Мы можем остановиться на минуточку, но потом снова надо идти...

Рыбьеног, тяжело дыша, прислонился к одному из шкафов.

К несчастью, именно на полке этого шкафа решил присесть Беззубик, и в темноте Рыбьеног нечаянно ткнул его в живот.

Беззубик был не из тех, кто страдает молча.

— ЙИИИИИИООООУ! — взвыл дракончик.

— Шшшшшшшшшшшш! — зашипел Иккинг.

В коридорах библиотеки зарокотал громкий и пронизывающий шум. Начался он с негромкого бормотания, вибрацией пронизав подошвы Иккинговых сапог из драконьей кожи. Затем медленно перерос в ужасающий плотоядный РЕВ, заполняющий коридоры, залы, отражающийся от книг и сотрясающий барабанные перепонки бедных оцепеневших викингов и их драконов. И наконец вся библиотека вокруг них взревела, словно клетка, полная голодных львов.

Теперь уже не приходилось гадать, что это за звуки. Это были шаги лап, вскоре перешедшие в топочущий галоп. Это ДРЕЛИНГИ неслись по библиотеке в поисках чего пожрать, кровожадно визжа своими бешено вращающимися сверлами...

Р-Р-Р-Р-Р-РЫ!!!
Кхрю...
шарк...
ВЗЗЗЗ...

11. ПРЯТКИ С ДРЕЛИНГАМИ

Камикадза, Иккинг и Рыбьеног рванули по коридорам обратно, словно лисы, удирающие от неистовой охоты. Они мчались по извилистым туннелям. Библиотека превратилась в царство визга, рыка и крика, а эхо умножало все это до полной какофонии, такой громкой, что болели уши и ныл позвоночник.

— О-го-го! — радостно верещала Буримуха. — Во что мы теперь играем? В прятки? Да? ОБОЖАЮ прятки!

— Мы играем в «беги-со-всех-ног-от-драконов-убийц»... — пропыхтел Рыбьеног. — И не в первый раз! Просто не могу поверить в свое невезение...

— Сюда, наверх! Тут можно срезать! — крикнула Камикадза.

Они вскарабкались по скрипучей лестнице, необычайно высокой, пролезли на четвереньках в дырку в потолке и вывалились в очередной коридор.

Свернув за угол, они наткнулись на дрелинга, изготовившегося к прыжку. Камикадза взвизгнула и опрокинула на него высокий шаткий шкаф.

Они бежали все вперед и вперед сквозь шум, пока запыхавшийся Рыбьеног не остановился снова.

— Я... правда... больше... не... могу...

— И я, — выдохнула Камикадза, вытаскивая меч. — Придется встать и сражаться.

— Нечего и надеяться заборотъ столько чудищ, — отдуваясь, сказал Иккинг, вытаскивая свой меч.

— Ну, тогда, — с вызовом пропела Камикадза, и в ее ярко-голубых глазах запылал огонь битвы, — мы УМРЕМ Геройской Смертью, СРАЖАЯСЬ ДО ПОСЛЕДНЕГО!

— Терпеть не могу, когда ты так говоришь... — заныл Рыбьеног.

— **Смываемся!** — заверещал Беззубик. — **Д'драпать трусливо, вот что надо!**

— **Хорошая мысль!** — одобрил Иккинг. — **Но куда?**

В том-то и проблема.

Бежать было некуда.

— Давайте сюда! — крикнула Камикадза. — Помогите мне построить баррикаду из книг!

И она начала сметать книги с полок, сваливая их кучей у входа, словно это жалкое препятствие могло удержать сотни голодных дрелингов.

Рыбьеног и Беззубик помогали ей, а Буримуха, по-прежнему принимавшая происходящее за веселую игру, все время разваливала пирамиду, ухихикиваясь. Иккинг тем временем стал разглядывать комнату, где они оказались, отчаянно ища что-нибудь, что угодно, способное пригодиться им в их последней, безнадежной обороне.

И тут взгляд его привлек отблеск пляшущей яркости.

Вот оно!

Книга на полке напротив СВЕТИЛАСЬ. Яркий контур света, ясного как день, очерчивал ее.

И, шагнув к сияющей книге, Иккинг ахнул от изумления и восхищения.

На корешке значилось ЕГО СОБСТВЕННОЕ ИМЯ! «ИККИНГ КРОВОЖАДНЫЙ КАРАСИК», большими золотыми буквами.

Есть люди, которые не верят в Судьбу.

А есть, которые верят. Но вот спросите себя: каковы были шансы, что Иккинг станет озираться именно в этой комнате и что его взгляд остановится на книге с его собственным именем на обложке? Каковы шансы, я вас спрашиваю? Бесконечно малы, и вот поэтому лично мне кажется, что это судьба привела их сюда. Они весь день бегали по точно таким же комнатам, и все они были одинаково заставлены книжными шкафами от пола до потолка и еле уловимо пахли рыбой.

Но в громадном запутанном книгохранилище, состоявшем из тысяч и тысяч залов, их занесло в ЕДИНСТВЕННУЮ комнатушку, где стояла книга, написанная ИККИНГОМ КРОВОЖАДНЫМ КАРАСИКОМ.

— Мидия меня заешь! — воскликнул Иккинг, опуская меч и роняя челюсть. — НЕВЕРОЯТНО! Эту книгу написал человек, которого звали в точности как МЕНЯ.

На самом деле, подойдя ближе, он обнаружил, что имя не в точности такое же. Автора звали Иккинг Кровожадный Карасик II.

— Я безусловно нашел бы это завораживающим, — простонал Рыбьеног, лихорадочно стаскивая книги с полок под усиливающийся топот ног снаружи, уже перекрывающий общую какофонию шума, — если бы мне не предстояло вскорости УМЕРЕТЬ. Иди сюда и ПОМОГИ НАМ, ради Тора, а?

Иккинг, словно загипнотизированный, шагнул к полкам.

— Должно быть, это мой родственник, дедушка или еще кто, — прошептал он. — Если я — Третий, то должен был быть и Первый, и Второй... — Раньше это не приходило Иккингу в голову. — Но отец никогда не говорил об этом парне, — протянул он.

А что он говорил, причем совсем недавно, только сегодня утром? «КРОВОЖАДНЫЕ КАРАСИКИ НЕ ПИШУТ КНИГ. Твои Хулиганские предки перевернулись бы в могилах».

Получается, папа сказал Иккингу неправду? Вот книга, явно НАПИСАННАЯ Кровожадным Карасиком. И, подойдя к ней, Иккинг едва не рассмеялся. Большая, сияющая, зеленая с золотом книга, озаглавленная «Как одолеть дракона», Иккинга Кровожадного Карасика II. В точности как собственный Иккингов труд в потрепанной серой тетрадке, которую Стоик отобрал у него утром.

Иккинг потянул книгу и, взметнув тучу пыли, снял книгу с полки. На ее месте в темноте остался прямоугольник яркого дневного света.

«Как одолеть дракона» оказалась единственной настоящей книгой на стеллаже. Остальные были подделками, фальшивыми корешками, глубиной всего в несколько сантиметров, рядами заполнявшими деревянные рамы. Раздалось громкое «ЩЕЛК», и весь стеллаж плавно и бесшумно отворился, словно дверь.

Дверь чуть заклинило на библиотечном полу, и Иккинг потянул ее, открывая пошире. В образо-

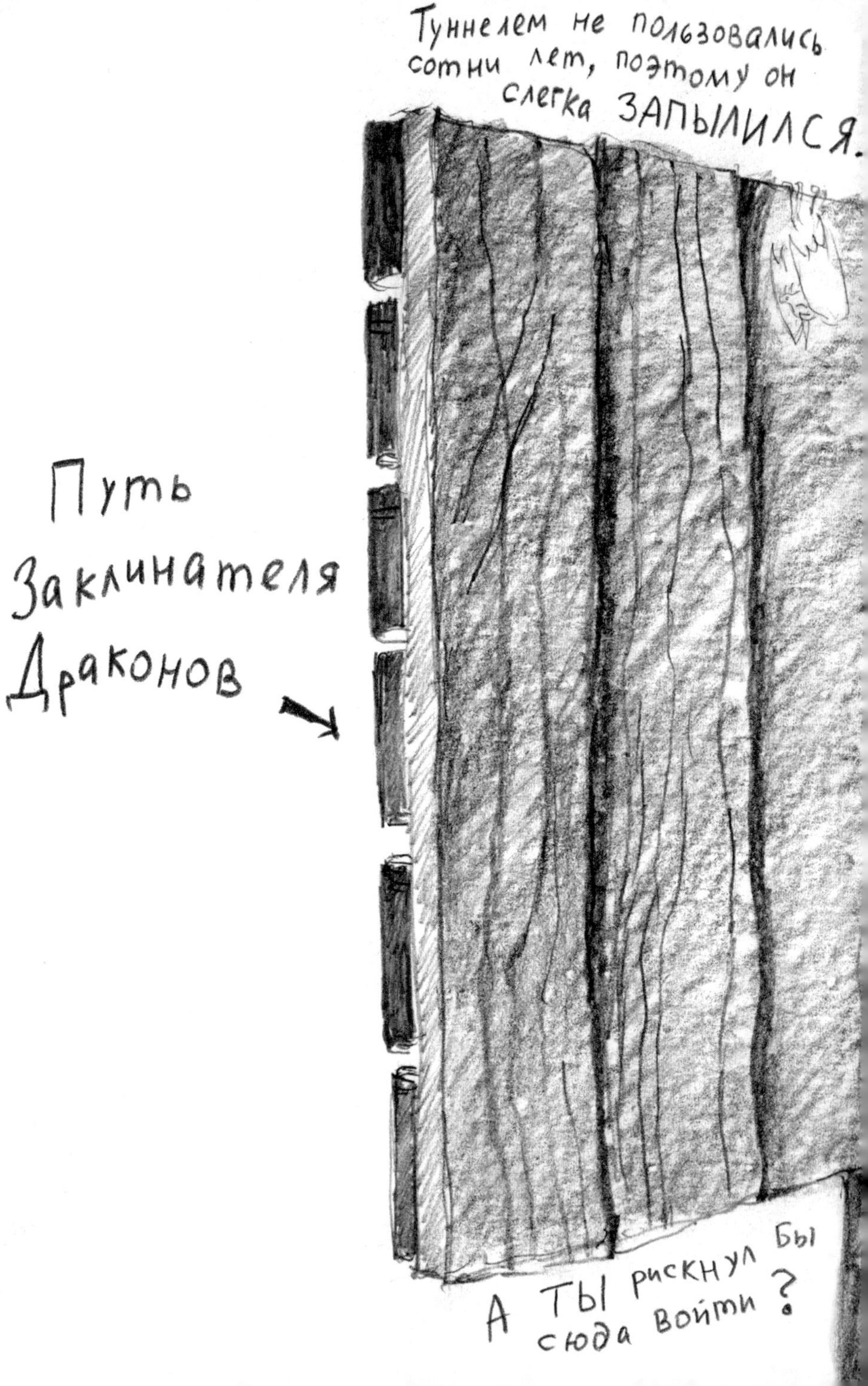
Туннелем не пользовались сотни лет, поэтому он слегка ЗАПЫЛИЛСЯ.
Путь Заклинателя Драконов
А ТЫ рискнул бы сюда войти?

вавшийся проем хлынул прекрасный яркий солнечный свет и воздух, свежий, как глоток воды.

За дверью-стеллажом обнаружился короткий туннель, в конце его сиял голубой круг неба. На внутренней стороне двери были нацарапаны слова «Путь Заклинателя Драконов».

Камикадза с Рыбьеногом бросили свое лихорадочное строительство книжной баррикады и застыли, разинув рот. Девочка испустила радостный вопль и метнулась через комнату, намереваясь ринуться в туннель.

Но Иккинг предостерегающе крикнул и оттащил ее. Потому что, даже ослепленный солнечным светом, он видел, что туннель не пустует. Там дрыхла целая куча драконов, каждый размером с тритона-переростка.

— Пусти! — задохнулась Камикадза. — Это всего лишь крохотные дракончики! Они ж такие лапочки...

— Поверь, — мрачно отозвался Иккинг, — они вовсе не лапочки. Это ядовитые чепушистики... Ради Тора, только НЕ РАЗБУДИ ИХ...

Камикадза, Рыбьеног и Иккинг застыли в ужасе.

После укуса чепушистика у человека остается примерно четверть секунды, чтобы проклясть свое невезение, а потом он падает наземь, мертвый, как ископаемая птица дронт.

И как одолеть этих ядовитых чепушистиков?

12. КАК ОДОЛЕТЬ ДРАКОНА

Как одолеть ядовитых чепушистиков, Иккинг выяснил примерно полгода назад, наблюдая за их поведением у обрыва Дикого Дракона. Но от ужаса и растерянности он не мог припомнить, что же тогда записал в своей тетрадке.

Он отчаянно зажмурился...

Как же там? Ой, мамочки, кажется, надо потереть им брюшко листом крапивы!.. Нет, это для гадов ползучих... И хвала богам, поскольку крапива в библиотеке совершенно точно не растет. Может, надо подуть им в глаза? Нет, это помогает только против гадючки отравной...

— Что теперь, Иккинг? — прошептал Рыбьеног, зажав руками уши в надежде отсечь все приближающийся звук топочущих ног. — Думаешь, мы сумеем проползти между ними, не разбудив?

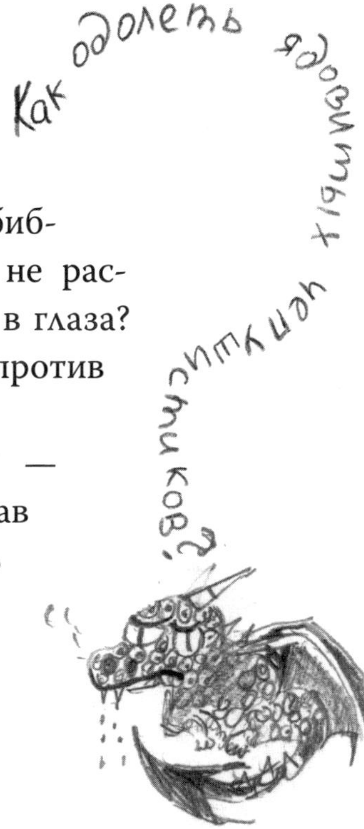

Словно в ответ на этот вопрос, ближайший чепушистик вдруг лениво заворочался во сне, на секунду приоткрыл глаза и зевнул. С кончика его крошечного раздвоенного языка сорвалась капелька лилового яда и приземлилась на край кирпичной кладки.

Она прожгла камень, словно кислота, только голубоватый дымок из дырочки поднялся.

Чепушистик снова закрыл глаза.

— Ой, братцы... — простонал Рыбьеног.

«Если бы только папа не отобрал у меня тетрадку... — думал Иккинг, лихорадочно пытаясь вспомнить способ справиться с этими несчастными ядовитыми чепушистиками, Тор им всем молотом настучи. — Если бы только у меня СЕЙЧАС была при себе книга „Как одолеть дракона". Секундочку... С ума сойти, какой же я дурак набитый! У меня же есть „Как одолеть дракона", вот она! — Иккинг новыми глазами взглянул на большую, тяжелую, пыльную, старую книгу у себя в руках. — Мой предок наверняка написал здесь среди всего прочего и про ядовитых чепушистиков». — Он распахнул книгу.

Как одолеть дракона
Иккинг
Кровожадный Карасик II

На первой странице помещалось Предупреждение, написанное большими жирными заглавными буквами:

ПРЕДУПРЕЖДЕНИЕ!

ПРОЧТИ
«КАК ОДОЛЕТЬ ДРАКОНА»,
И УМРЕШЬ

— Мы ВСЕ умрем, — вслух сказал Иккинг. — Рано или поздно.

ПРЕДУ-
ПРЕЖДЕНИЕ!
прочти, как
одолеть
ДРАКОНА,
и
УМРЕШЬ

А перевернув страницу, он вдруг рассмеялся. Потому что там значилось:

МЫ ВСЕ УМРЕМ...
РАНО ИЛИ ПОЗДНО

Смеясь, он перевернул следующую страницу...

...и потревожил парочку настоящих, живых мальков-чепушистиков, которые прогрызли себе ход сквозь переплет, неторопливо поедая книжные страницы. Чепушистики на миг замерли, а затем левый чепушистик издал яростный писк и прянул вперед, обнажив булавочно-острые клычки, чтобы вонзить их в Иккингову руку, и...

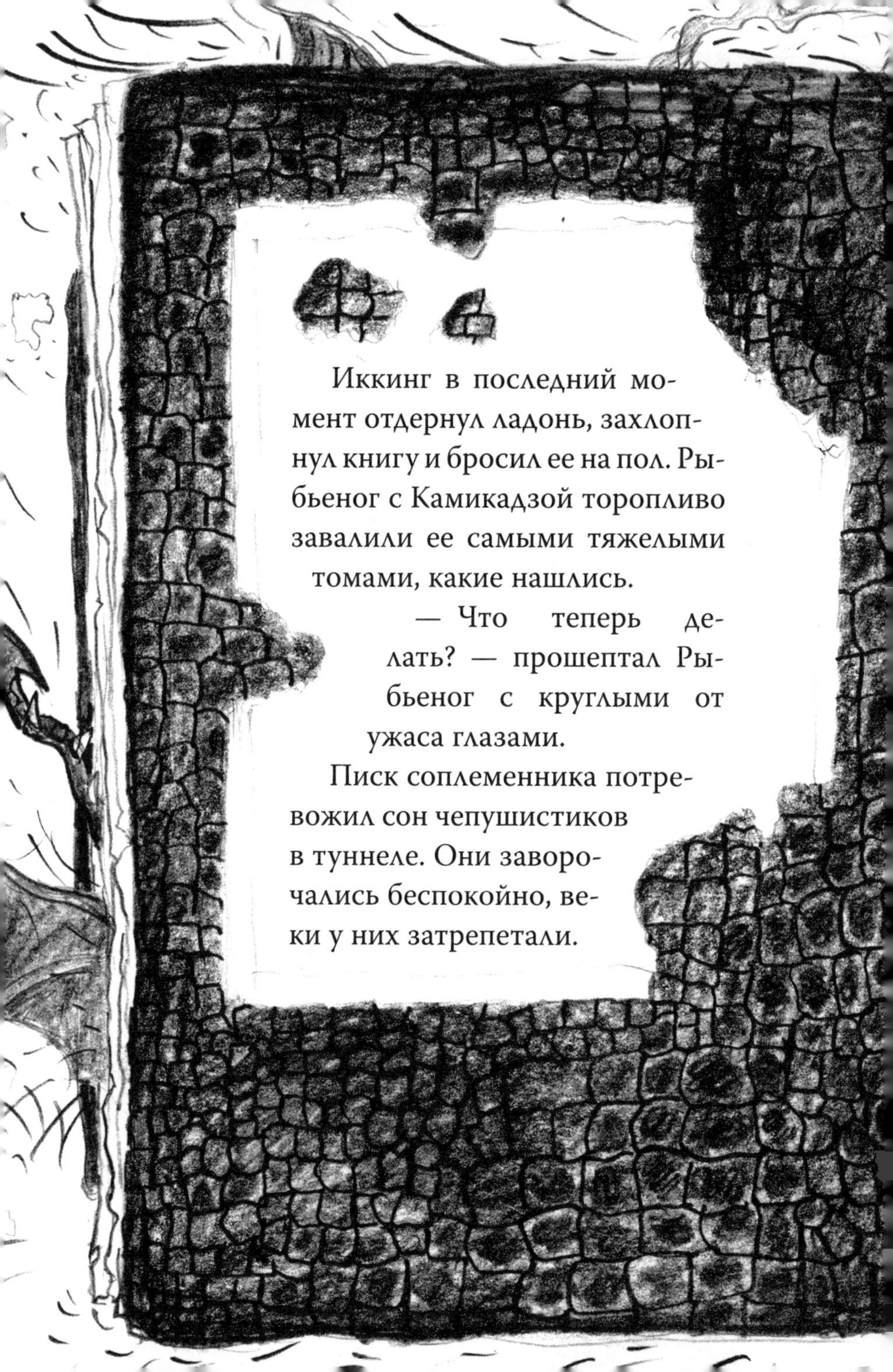

Иккинг в последний момент отдернул ладонь, захлопнул книгу и бросил ее на пол. Рыбьеног с Камикадзой торопливо завалили ее самыми тяжелыми томами, какие нашлись.

— Что теперь делать? — прошептал Рыбьеног с круглыми от ужаса глазами.

Писк соплеменника потревожил сон чепушистиков в туннеле. Они заворочались беспокойно, веки у них затрепетали.

Еще минута-другая, и они проснутся.

«Как одолеть чепушистиков? Как одолеть чепушистиков?» — лихорадочно думал Иккинг.

Может, они не выносят желтого цвета? Нет, это ночекрылы смертоносные... А может, их надо почесать за ушами? Нет, это для мышьяковистых крыласпидов.

Что же делать?!

Иккинг попытался зрительно представить себе страницу из своего блокнота...

По-моему, дорогой читатель, сейчас самое время выяснить, какой Герой получился бы из ТЕБЯ. Выжил бы ты, попав в такой вот переплет? Видишь ли, жизнь Героя — это не только ежедневные битвы и умение владеть мечом. Хорошая память и внимание к деталям тоже очень важны.

Теперь представь, что в книге, которую ты держишь в руках ПРЯМО СЕЙЧАС, затаился дракон столь опасный, что ты не можешь пролистать страницы и посмотреть, Как Одолеть Чепушистика.

Давай вспоминай.

И не жульничать.

Как одолеть чепушистика?

Ответ очень прост... по крайней мере, так казалось Иккингу.

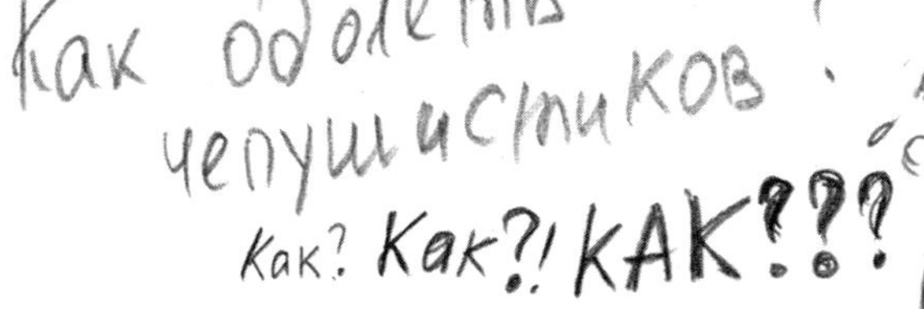

«Чепушистики не выносят свиста». Звук заставляет их цепенеть от страха и отвращения, они не могут шевельнуть ни одной мышцей или усиком, не говоря уже о ядовитой железе.

— Свистим! — заорал Иккинг. — Они застынут и не смогут нам навредить!

— Уверен? — крикнул Рыбьеног.

— Нет! Возможно, все-таки их надо крапивой, но ее здесь все равно нет!

Удивительно, насколько трудно свистеть, когда ты напуган. Все трое викингов, да и Беззубик, старались как могли, но в горле у них пересохло, губы дрожали, и самый свистоподобный звук, какой им удалось издать, было придушенное «пффф».

Тем временем шум приближающихся дрелингов стал таким громким, что оставалось только поражаться, как они еще не ворвались в комнату. А чепушистики просыпались и открывали сонные глаза, и ядовитые железы у них на шейках начали надуваться, когда дракончики увидели, что в их гнездо вторглись непрошеные гости...

— В жизни не слышала худшего свиста! — воскликнула Буримуха, весело кружа под потолком.

— Буримуха! — с облегчением крикнул Иккинг. — Покажи же нам, как надо свистеть по-настоящему!

— Это ты мне? — спросила драконица, тыча себя крылышком в грудь.

— Разумеется, тебе! — взвыл Иккинг.

— Хорошо, хорошо, не надо так нервничать... — улыбнулась Буримуха, описывая изящные круги у Иккинга над головой и расчесывая коготками гребень. — Но ты должен попросить меня как следует...

— ПОЖАЛУЙСТА! — одновременно вскричали трое викингов.

Буримуха вытянула губки трубочкой... и остановилась.

— Но я не могу припомнить ни одной мелодии, чтобы насвистеть, — пожаловалась она.

— Свисти ЧТО УГОДНО! — взвыли викинги.

Буримуха насвистела начало национального гимна Бой-баб. Пусть она и не помнила, что это за тема, но к концу первой пары строчек чепушистики остолбенели прямо как были, раздувшись пузырями. Теперь они стали похожи на крохотные статуэтки драконов с разинутыми пастями и оскаленными клыками.

Иккинг, Рыбьеног, Камикадза и Беззубик полезли в туннель, стараясь не наступать на окаменевших мини-чудищ.

— Буримуха, полезай давай! — приказал Иккинг капризаврихе, которая по-прежнему весело насвистывала, порхая по комнате.

— А как же игра в прятки? — весело возразила Буримуха. — Нас ведь пока не нашли!

— ЛЕЗЬ! — крикнул Иккинг, протянул руку, схватил ее за хвост и втащил в туннель.

Но драгоценные секунды были упущены.

С бешеным рыком, словно львы, четыре взрослых дрелинга ворвались в комнату.

Еще бы пару мгновений, и они бы увидели лишь пустое помещение, но дверь-стеллаж стояла нараспашку. Три викинга и два дракона были как на ладони, зажатые в своем укрытии.

— Вот они нас и нашли! — возбужденно пискнула Буримуха. — Ку-ку-у!!!

— Захлопни дверь, Рыбьеног! — проскрипели Камикадза и Иккинг, когда передний дракон прыгнул к засевшей в туннеле троице.

Рыбьеног потянул дверь на себя...

...но кончик сверла попал в щелку между дверью и косяком, и Рыбьеног не смог ее захлопнуть.

13. Ой...

Сверло яростно зажужжало, и повисших на двери троих юных викингов окатило дождем опилок.

Дрелинг мотнул могучей башкой, дверь вырвалась у викингов из рук и распахнулась настежь.

— Ну, ну! — пропела Буримуха. — Без грубостей!

Дрелинг испустил первобытный победный рев и прянул вперед, разинув пасть.

А Иккинг снял с верха туннеля застывшего чепушистика и швырнул его дрелингу в морду.

Только что их атаковал грозный хищник.

И вдруг он превратился в хнычущего от страха детеныша.

Ядовитый чепушистик брякнулся об пол, словно каменный. Но все четыре дрелинга от ужаса встали на дыбы, развернулись и с воем ринулись вон из комнаты, толкая друг друга в стремлении выскочить первым.

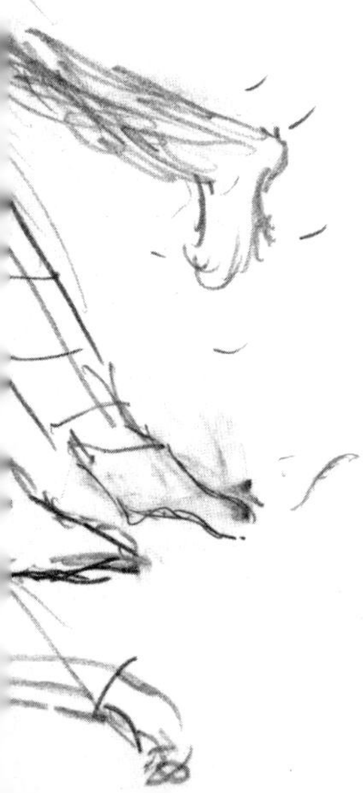

Рыбьеног захлопнул полкудверь.

Ребята рухнули на четвереньки посреди целого роя застывших, невообразимо ядовитых чепушистиков. Вздохи облегчения эхом отдались в туннеле.

Иккинг прополз на коленях к проему. Оказалось, что лаз расположен не так высоко, как окно, у которого крадкий дракон высадил их. Тем не менее лететь вниз пришлось бы очень-очень долго, и Иккинг старался туда не смотреть.

Он высунулся наружу и позвал крадкого дракона так громко, как только осмелился.

«Пожалуйста, пожалуйста, пусть крадкий дракон нас услышит», — молил он Тора, пока звал.

Должно быть, Тор слушал — надо сказать, громовик был весьма благосклонен к Иккингу все эти годы, — ибо только что перед глазами голубело пустое небо, а в следующий миг оно слегка затуманилось, обозначив призрачный контур Секретного Оружия.

— **Выдвигаемся, мой повелитель?** — вежливо спросил крадкий дракон, зависнув рядом с туннелем.

— **Ой, приве-ет...** — улыбнулась Буримуха, хлопая ресницами. — **Откуда ТЫ-то взялся, роскошный такой?**

Беззубик раздулся от гневной ревности:

— **Со-сопля он роскошная! Просто б'бо-большой н'не-невидимый паинька!**

Когда пришел черед Рыбьенога ползком перебираться по протянутому над пустотой крылу крадкого дракона, он покинул библиотеку со слезами радости и облегчения.

— **Куда прикажете?** — спросил крадкий дракон, когда все трое пристегнули ремни.

— **Следующая остановка — ОСТРОВ ОЛУХ,** — ответил Иккинг.

Крадкий дракон развернулся на узком крыле. И тут Иккинг впервые учуял тошнотворный запах тухлых яиц и осознал, что они не одиноки в небе архипелага.

Небо заполнили драконы — насколько хватало глаз.

На крохотный островок Забудка высаживалась целая Драконья Армия.

Преобладали большие верховые драконы, но в данном случае, поскольку происходила десантная операция, они выполняли не совсем ВЕРХОВУЮ роль.

Каждый дракон нес в когтях тяжеловооруженного викингского воина. Воины держали мечи наголо и во все горло вопили Боевой Клич Душегубов. Племя Душегубов штурмовало Остолопскую публичную библиотеку.

Слаженность их действий впечатляла.

Драконы снижались у входа в библиотеку и выпускали воинов из когтей точно в тот момент, когда те касались земли ногами, чтобы побежать и немедленно броситься в бой с Остолопами, хлынувшими наружу поприветствовать их.

Имело место решительное сражение, и Душегубы побеждали, поскольку были одними из лучших варваров в этом деле.

— ХА! — шепнул Рыбьеног Камикадзе. — Вот тебе и неуловимый крадкий дракон! И пяти минут не пройдет, как Обжора поймает нас с поличным!

— Ммм, возможно, ты прав, — виновато признала Камикадза. — Лучше посоветуем маме избавиться от него как можно скорее.

Иккинг пустил крадкого дракона к Олуху по более низкому летному коридору, чем те, которыми викинги пользовались обычно. И всю дорогу навстречу им, только выше, тянулся неослабный поток Душегубских драконов.

— Этот отвратительный запах... — задумчиво произнесла Буримуха, наморщив красивый носик и поглядывая вверх. — Что-то он мне такое напоминает, никак не вспомню что...

Северный Остолопский остров от Южного отделяла узкая щель, Теснина Смерти. Викинги в большинстве своем предпочитали ее избегать, поскольку на всем ее протяжении торчало множество опасных рифов.

Но Камикадза повернула прямо к ней. Влетев в каньон, крадкий дракон уже не поднимался выше гребней волн. Он просто вилял между скалами, будто занимаясь воздушным слаломом.

Невозможно высокие стены Навсегдашних скал вздымались слева.

Невероятно высокие стены Навечных скал тянулись справа.

И крадкий дракон вился между каменных зубьев на дне этого туннеля, словно вышивал иглой по коварным бурунам. Когда они вылетели из Теснины Смерти, все трое викингов и их драконы были насквозь мокры от брызг.

Даже Рыбьеног позабыл об отвратном запахе настолько, что вместе с остальными восторженно вопил, когда их обдавало очередной волной, окунало в соль и едва не отрывало ветром уши.

Он бы веселился гораздо меньше, если бы видел, как перед входом в Остолопскую публичную библиотеку остановилась зловещая темная фигура с топором в каждой руке. Обжора Душегуб шел по следам угнанного крадкого дракона. Его гончие драконы обнюхивали песок в лихорадочном возбуждении.

— Он был здесь... — прошипел Проглот. — Но уже улетел вон туда... — И ткнул указательным пальцем в черной перчатке в сторону маленького острова Олух.

14. ОБЖОРА ЛОПНЕТ ОТ ЗЛОСТИ

У Стоика выдался трудный вечер — он ничего не мог найти. Сначала он искал «Как приручить дракона». Потом пытался отыскать собственного сына, поскольку чувствовал, что, возможно, обошелся с ним несколько жестче, чем следовало. Особенно учитывая, что у парня День рождения.

Но и книжка, и сын как сквозь землю провалились, хотя он отправил полплемени разыскивать их по всему Олуху. Когда солнце начало клониться к горизонту, Большегрудая Берта с уверенной ухмылкой на физиономии важно вступила в хижину вождя.

Большегрудая Берта убила в поединках множество воинов. Она была чудовищна, сильно напоминала Мохнатого Мамонта в платье и даже в беседе с глазу на глаз предпочитала орать во всю мощь своего похожего на туманный горн голоса, словно ее должны были услышать войска на другом конце огромного поля боя.

— Так вот где ты прячешься, Стоик, старый ты кабаняра? — радостно заорала она, игриво дергая его за усы, отчего те яростно встопорщились. —

Надеялся отсидеться здесь, пока я не забуду о споре, а? А я не забыла. Уже конец дня, твое время истекает, и надеюсь, ты готов отдать мне те топоры. Где доказательство, что твои жидконогие, тупорылые, криворукие Хулиганы превосходят в воровстве нас, Бой-баб?

Стоик надулся от возмущения.

— Мы, Хулиганы, лучшие грабители в мире! — заорал он, вскинув кулак над головой. — Один из моих воинов, Плевака Крикливый, спер книгу из Остолопской публичной библиотеки, прямо из-под носа у Мятого Косматого Библиотекаря! Это акт высочайшего воровства и доблести!

— Неплохо, неплохо, — присвистнула Берта. — Вот бы не подумала, что этот большой неуклюжий мешок картошки способен на такое. — Она весело оглядела комнату. — Так где же она?

— Кто? — спросил Стоик, чтобы потянуть время.

— Книга, Стоик, книга! Книга, которую твой Плевака (с рожей, будто на нее бегемот наступил) по счастливой случайности сумел умыкнуть у этого психа Библиотекаря. Где она?

Стоик несколько сдулся.

— Ах да, ну, вот этого-то я и не могу понять. Только утром книга была в этой самой комнате, но теперь, похоже, пропала с концами. Совершенно необычайное дело. Боюсь, тебе придется поверить мне на слово...

Такой хорошей шутки Большегрудая Берта сто лет не слышала. Она хохотала так, что по бороде у нее потекли слезы и она едва могла стоять.

— ХА! ХА! ХА! — ревела она. — Ой, уморил! Ты украл книгу, а потом, похоже, потерял ее, это ты хочешь сказать? — насмехалась она. — Елки-метелки! Не было у тебя никогда этой книжки, которой ты хвастаешься, потому что твои безнадежные Хулиганы и лукошко с клюквой у младенца отнять не способны!

Стоик прикидывал, куда бы ее стукнуть.

— Не бери в голову, Стоик, — прогромыхала Берта, награждая его дружеским тычком под ребра, — даже если ты ДЕЙСТВИТЕЛЬНО украл эту дурацкую книжонку, ты все равно бы не выиграл спор. Пойдем, покажу, что Я сперла у Обжоры Душегуба как раз вчера... За мной!

Ругая Тора себе под нос, Стоик последовал за величественно удаляющейся Бертиной кормой до самых Драконюшен.

Берта остановилась перед самым большим денником и начала отодвигать засовы.

— Надеюсь, ты не возражаешь, что я позаимствовала одно из пустых стойл, чтобы поместить туда... сейчас ты увидишь, на что способен НАСТОЯЩИЙ вор.

Берта торжественным жестом распахнула дверь.

ХА! ХА! ХА!
ХА! ХА!
ХА! ХА!
ХА!

— Насладись же зрелищем, Стоик Обширный! Настоящий, живой, самый что ни на есть крадкий дракон, угнанный из-под самого носа у этих цыплячьих мозгов, Обжоры Душегуба, моими собственными прекрасными ручками!

— Клянусь ногтями Тора! — воскликнул Стоик, позабыв свою ярость, так сильно он был впечатлен. — Обжора лопнет от злости!

— Пусть! — хвастливо отозвалась гордая, но не очень мудрая Берта. — Мы, Бой-бабы, не боимся этого дурацкого вонючего горшка!

Стоик вгляделся в денник.

— Но... но... но, Берта, тут ничего нет...

Берта хихикнула.

— Вот это-то и делает его Секретным Оружием, понимаешь? — ласково объяснила она. — Крадкий дракон так хорошо замаскирован, что практически невидим...

— Нет, правда, — возразил Стоик, прохаживаясь из конца в конец денника, — здесь действительно НИЧЕГО НЕТ.

Берта ринулась в денник, выставив перед собой руки в попытке нащупать не только невидимого, но и абсолютно отсутствующего крадкого дракона. Она трижды обошла стойло, прежде чем поверила, что дракон таки исчез.

— Лопни мои мозоли! — воскликнула Большегрудая Берта. — Пропал начисто!

Стоик начал смеяться.

— Он был здесь нынче утром! Самый настоящий и прозрачный, как стекло! — запротестовала Берта.

— О да, — насмехался Стоик, ухохатываясь, — невидимые драконы, клянусь моим пупком! Ой молодец, Берта, ой порадовала! Я выдам тебе два невидимых топора в уплату за выигранный спор!

Большегрудая Берта побагровела, как клюква, и стиснула кулаки. Вожди так увлеклись препирательством, что не заметили, как за спины им прокралась высокая тощая фигура.

— Вы, оба, поднимите руки над головой и медленно выйдите из денника! — пролаял хриплый шипящий голос.

15. БЕШЕНЫЙ БИБЛИОТЕКАРЬ

Берта подпрыгнула чуть ли не на полметра и косы у нее встали торчком от испуга. Она развернулась кругом с поистине впечатляющей для столь массивной женщины быстротой и едва не сомлела от облегчения, увидев, что это просто Мятый Косматый Библиотекарь стоит в дверях Драконюшен с натянутым северным луком.

— Ой, Косматик, это всего лишь ты, хвала Тору, — выдохнула она, прижимая руку к гигантской груди. — Я уж решила, что это Обжора Душегуб...

— ЗАТКНИСЬ, БЕРТА, И ПОЛОЖИ СВОИ ВОРОВСКИЕ РУКИ НА СВОЮ ГРАБИТЕЛЬСКУЮ БАШКУ, — посоветовал Библиотекарь.

До Берты со Стоиком дошло, что Библиотекарь возбужден куда сильнее обычного. Он всегда был несколько неуравновешен, но жгучие зудни в штанах опрокинули его окончательно. В глазах его мерцал безумный блеск, на голове красовалась большая шишка, а заблудившийся на одном боку зудень заставлял то и дело передергиваться.

— Э-э... что-то ты неважно выглядишь, Косматик, — вежливо пошутила Берта, кладя руки на голову. — Может, тебе прилечь?

— НЕВАЖНО ВЫГЛЯЖУ, ГОВОРИШЬ?! — взвизгнул Мятый Косматый Библиотекарь. — ВАШИ МЕЛКИЕ ХУЛИГАНСКИЕ И БОЙ-БАБЬИ ВЫРОДКИ ПРОШНЫРНУЛИ В МОЮ БИБЛИОТЕКУ И СПЕРЛИ ОДНУ ИЗ МОИХ КНИГ!

— ПОНЯТИЯ НЕ ИМЕЮ, О ЧЕМ ТЫ! — прорычал в ответ Стоик Обширный в искреннем недоумении. — И КАК ТЫ СМЕЕШЬ УГРОЖАТЬ МНЕ, СТОИКУ ОБШИРНОМУ, НА МОЕМ СОБСТВЕННОМ ОСТРОВЕ?! ПРОЧЬ С МОЕЙ ЗЕМЛИ, ИЛИ Я ТЕБЯ ВЫШВЫРНУ!

— Ты не на том конце стрелы, — заметил Мятый Косматый Библиотекарь, — и поэтому не в том положении, чтобы раздавать приказы. Ваши сопляки незаконно вторглись, — продолжал он, — и украли одну из моих книг...

— Ты наверняка перепутал их с кем-то, — возразил Стоик Обширный, уже не так громко, поскольку осознал правоту Мятого Косматого Библиотекаря насчет не того конца стрелы. — Варварские дети очень похожи друг на друга...

— Только не твой, — проскрипел Библиотекарь. — Твой сильно отличается от большинства приличных викингских детей... мелкий тощий мальчишка с ярко-рыжими волосами, смехотворно хилый для сына вождя...

— Масса викингских детей еще не прошли скачок роста! — с вызовом возразил Стоик. — Это мог быть кто угодно!

— С ним были мальчишка с рыбьим лицом и девчонка с ловкими пальцами и полным отсутствием манер, — продолжал Мятый Косматый Библиотекарь.

— Моя Камикадза не воровка! — воскликнула Большегрудая Берта (при этом старательно скрестив пальцы за головой).

— Все Бой-бабы — воровки! — просипел Мятый Косматый Библиотекарь. — Вы бы и деревья из лесу тырили, да в карман не лезут! И я поймал этих троих сорочат с поличным при попытке увести мой последний экземпляр «Как приручить дракона»! — проскрипел Библиотекарь.

Стоик виновато дернулся.

— ХА! — воскликнул Библиотекарь победно. — Ты прекрасно знаешь, о чем я! Вы все пытаетесь красть у меня книги, и это, на мой взгляд, честно, мы же викинги. Однако тот, кто попался в моей библиотеке, должен заплатить, отдав на месте свою жизнь, без вопросов. Но хватило ли у них порядочности поднять руки и дать мне пронзить их моими Сердцерезами? — Его шипящий, зудящий голос от ярости сделался громче. — Не-ет, только не им! Они стукнули меня по голове и напихали мне в штаны зудней! Ну и молодежь нынче пошла!

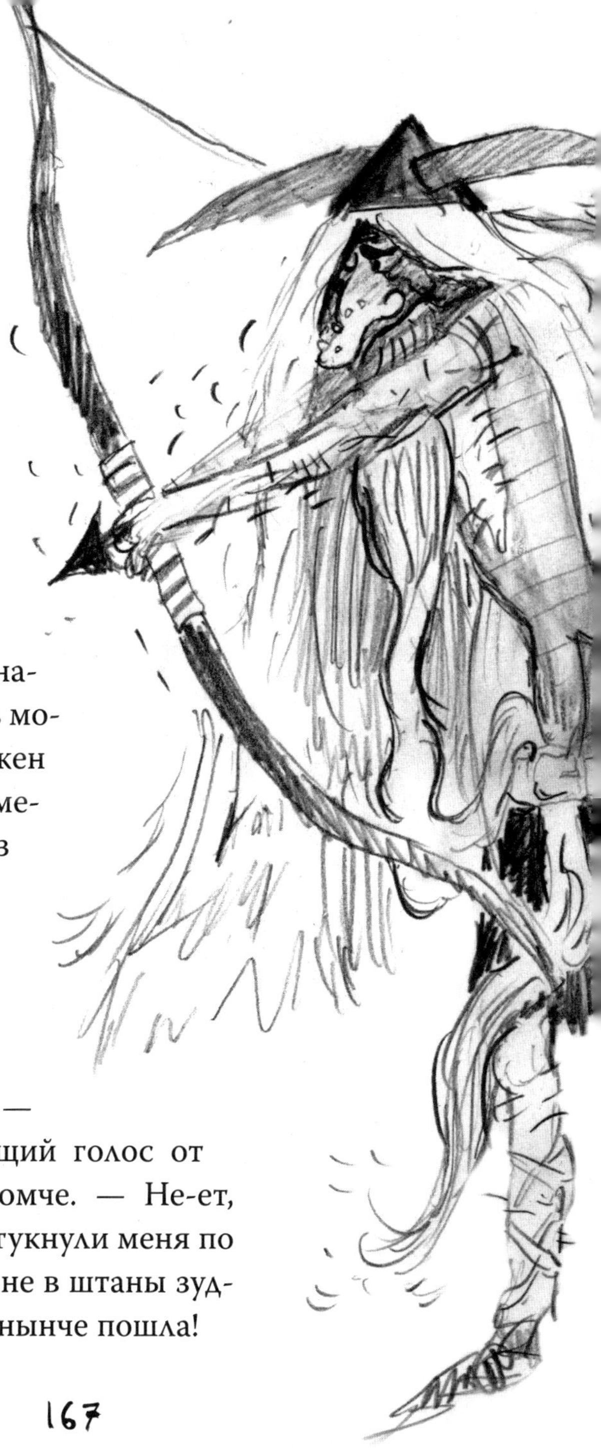

Услышав рассказ, Стоик Обширный невольно улыбнулся от гордости. «Молодец, Иккинг!» — с восторгом подумал он.

Улыбка Стоика лишила Библиотекаря остатков самообладания, и он спустил тетиву. Стрела срезала Большегрудой Берте левую косу. Старик наложил следующую стрелу, прежде чем Берта со Стоиком успели моргнуть.

— ОТВЕЧАЙТЕ, ГДЕ ЭТИ ВОРОВАТЫЕ СОРОЧАТА, ИЛИ СЛЕДУЮЩАЯ СТРЕЛА ПРОНЗИТ СТОИКА!

Берта попыталась блефовать.

— Я и впрямь не знаю, о чем ты говоришь! — заорала она. — И я вообще не видела дочь с утра.

Мятый Косматый Библиотекарь выпустил вторую стрелу, которая вонзилась Стоику Обширному прямо в грудь.

И тут Мятый Косматый Библиотекарь потерял контроль над ситуацией.

Потому что, вместо того чтобы рухнуть замертво, словно динозавр, Стоик спокойно вытащил стрелу из груди и переломил пополам.

— Н-н-но это невозможно! — проблеял Мятый Косматый Библиотекарь, вдруг сделавшись очень белым. — КАК ТЫ ЭТО СДЕЛАЛ?

Северный лук — самое опасное, мощное и точное метательное оружие на архипелаге. Никто из тех, в кого попали из северного лука, не может поведать о своих ощущениях.

Мятый Косматый Библиотекарь перезарядил лук и собрался выстрелить снова.

Но ему не довелось.

Откуда ни возьмись прямо на него опустился громадный, практически невидимый дракон.

И смял его.

В лепешку.

16. МЯТЫЙ БИБЛИОТЕКАРЬ

Иккинг, Камикадза и Рыбьеног надеялись тайком подменить «Как приручить дракона» и вернуть крадкого дракона до того, как обнаружится, что Беззубик спалил книгу, а дракона угнали.

Однако, перегнувшись через край прозрачных крыльев крадкого дракона, Иккинг разглядел в открытых дверях денника две корпулентные фигуры — своего отца и Камикадзину мать, а напротив тощую взбешенную фигуру Мятого Косматого Библиотекаря с натянутым луком.

План поменялся мгновенно.

— **Приземлись на того тощего викинга с дурацкой длинной бородой, крадкий дракон!** — приказал Иккинг. — **Как можно быстрее и крепче!**

И Секретное Оружие послушно ринулось в крутое пике. Рыбьеног закрыл глаза руками, Буримуха завопила от возбуждения, а Беззубик принялся жаловаться, что тот **«опять вы-вы-выпендривается»**.

Могучий сияющий корпус крадкого дракона с изрядной силой и безупречной точностью приземлился прямо на макушку старому психопату.

17. МЕЧ НОМЕР ШЕСТЬ

В кои-то веки Стоик Обширный и Большегрудая Берта начисто лишились дара речи, пусть и ненадолго. У вождя Хулиганов от изумления отвисла могучая челюсть.

— Клянусь Черным Сердцем и Коварным Языком Великого Бога Локи! — вскричал он, поскольку никогда не видел крадких драконов.

Возможно, Тор решил спасти их жизнь, выбив молотом кусок неба, дабы тот пришиб разъяренного Библиотекаря.

Даже необъятный бюст Большегрудой Берты всколыхнулся от потрясения.

И еще больше он всколыхнулся при виде трех фигурок, осторожно слезающих со спины огромного мерцающего призрака Душегубова Секретного Оружия.

— **О-о-о, молодчина, большой великолепный дракон!** — прокурлыкала Буримуха, порхая вокруг мощной головы крадкого дракона и хлопая ресницами. — **Блестяще расплющил!**

— **Мало блеска в том, чтоб плющщщить!** — прошипел Беззубик в ревнивой ярости. — **Плющщщить всякий м'может! Смотри! Б'бе-беззубик тоже умеет плющщщить!**

И дракончик попрыгал на длинной, дрожащей ступне Мятого Косматого Библиотекаря, торчащей из-под красивой сияющей задницы крадкого дракона.

— Камикадза! — гневно нахмурилась Большегрудая Берта. — Как я сразу не догадалась! Что ты ДЕЛАЛА с МОЕЙ добычей?!

Камикадза явно боялась матери не больше, чем прочих.

Она уперла руки в бока.

— Нет, мне это нравится! — воскликнула она. — Мы тут ПИКИРУЕМ, чтбы в последний момент спасти ваши шеи от простреливания спятившим Библиотекарем, а вы еще и НЕДОВОЛЬНЫ!

— А ПОЧЕМУ, — прогромыхала Большегрудая Берта голосом, как туманный горн, так громко, что у слышавших его викингов заныли барабанные перепонки, — ЭТОТ БИБЛИОТЕКАРЬ ВООБЩЕ В НАС СТРЕЛЯЕТ? Я ТЕБЕ ГОВОРИЛА, КОГДА В ПОСЛЕДНИЙ РАЗ ВЫЗВОЛЯЛА ИЗ ПОДЗЕМЕЛИЙ ДРАЧУНОВ, ЧТО ЕСТЬ ЛЮДИ, У КОТОРЫХ МОЖНО ТЫРИТЬ, ТИПА МИРОЛЮБОВ И ТИХОХОДОВ, И ЛЮДИ, У КОТОРЫХ НЕЛЬЗЯ ТЫРИТЬ, ПОТОМУ ЧТО ЭТО СЛИШКОМ ОПАСНО. СКОЛЬКО РАЗ ТЕБЕ ПОВТОРЯТЬ, КАМИКАДЗА?!

Как и большинство родителей, Большегрудая Берта слушала исключительно саму себя. Поскольку она была слишком занята собственной воспитательной речью, а остальные слишком заняты ею, никто и не заметил зловещей разбойничьей фигуры на драконе, приземлившейся в сотне метров от них. И никто не видел, как незнакомец тихо вытащил свои топоры, никто не обратил внимания на жуткую ухмылку на его уродливой физиономии и отвратительную вонь тухлых яиц и селедки, струившуюся у него между неровных и ломаных зубов.

Никто, кроме Буримухи, которая внезапно остановилась на середине кульбита и наморщила хорошенький носик.

— Ой, фу-у! — воскликнула она с отвращением. — Что это за мерзкий ЗАПАХ?

Обоняние — одно из самых сильных чувств. Мощный смрад племени Душегубов заново включил часть мозга Буримухи, отрубившуюся в библиотеке от удара по голове, и память вернулась к ней.

— Точно! Эта бомба-вонючка — Обжора Душегуб! — воскликнула дракониха восторженно. — Я все вспомнила! Я Буримуха, и я провела раннее детство в вонючих Душегубских горах.

Стоик Обширный, Большегрудая Берта, Иккинг, Камикадза и Рыбьеног сильно побледнели и медленно повернулись. Так и есть: Обжора Душегуб, источник и зримое воплощение мерзкой вони, стоял и смотрел на них холодными, как льдинки, голубыми глазами.

Обжора явился не один. Его сопровождали, держась на почтительном расстоянии, примерно пятьдесят воинов, которых высадили драконы на бесшумных крыльях. И теперь они дружно нацелили северные луки Болшегрудой Берте прямо в грудь.

Обжора пробурчал что-то нечленораздельное Проглоту.

— Меч Номер Шесть, ваша Жестокость? — уточнил Проглот, снимая со спины корзину с оружием и роясь в ней. — Прекрасный выбор, с вашего позволения, повелитель. Удлиненный, Суперсмертельный. Шестой номер никогда не подведет в Возмездии.

Проглот извлек поистине зловещего вида меч из корзины и подал его Обжоре, который проверил заточку острия рукой, и на землю упала яркая капля крови.

Берта с трудом сглотнула.

18. ПОЧЕМУ НИКТО НЕ ВОРУЕТ У ОБЖОРЫ

Обжора махнул Проглоту, чтобы тот, как всегда, говорил за него.

— Обжоре интересно было услышать, Берта, — ехидно произнес Проглот (все испуганно ахнули и теперь старались дышать неглубоко), — что ты в курсе наличия в мире отдельных людей, брать у которых без спросу неумно. Он считает себя одним из таких людей.

— Конечно, Обжора, конечно, — заверила его Берта, обеспокоенно следя за мечом.

Да, гигантский бюст и неимоверной силы руки Большегрудой Берты называли Ужасом Архипелага.

Однако даже этот бюст признал поражение и уныло повис. Берта же, упрямая, но отнюдь не *умная*, отчаянно пыталась придумать убедительное объяснение тому, что именно она делала с Обжориным крадким драконом.

Проглот продолжал:

— Любого, кто украл у Обжоры, ждет пренеприятнейшая судьба. Его продают в рабство Страхолюдам... или приносят в жертву Небесным Драконам, это если Обжора в милостивом настроении. Что ты делаешь с Обжориным крадким драконом, Большегрудая Берта?

Берта постаралась заслонить собой крадкого дракона в жалкой надежде, что Обжора его не заметит. Но при виде хозяина крадкий дракон вскочил на ноги и шмыгнул к нему под бок.

— СИДЕТЬ! — рявкнул Проглот, и крадкий дракон тут же сел.

— **В'ви-видишь?** — шепнул Беззубик на ухо Буримухе. — **Настоящщщий паинька!**

— **Да уж,** — неодобрительно отозвалась Буримуха и вздохнула. — **И работает на настоящего плохиша... очень ВОНЮЧЕГО плохиша к тому же... не понимаю, ЧТО он в нем нашел...**

— Ну, Берта? — поторопил Проглот, пока Обжора поигрывал топором. — Каков твой ответ?

Повисла неприятная тишина.

Иккинг тактично кашлянул.

— Гм, уважаемый Вождь Племени Душегубов, — вежливо сказал он, — сдается мне, вы тут немножечко заблуждаетесь...

Обжора Душегуб нахмурился, как туча.

— Разумеется, ваши выводы так и напрашиваются, — торопливо продолжал Иккинг, — но на самом деле они не совсем верные. Мы с друзьями просто воровали книжку из Остолопской публичной библиотеки, а гналась за нами верхом на крадком драконе вовсе не Большегрудая Берта, а Мятый Косматый Библиотекарь. Он-то, наверное, и украл его у вас... — Иккинг указал на распростертую и сплющенную фигуру Мятого Косматого Библиотекаря. Старик был жив, но пребывал в забытьи. — А Большегрудая Берта как раз задержала вора, когда вы прибыли.

— Великолепно, — прошептала Камикадза еле слышно. — Просто великолепно... для мальчишки, конечно...

Мятый Косматый Библиотекарь с жаром отрицал бы это обвинение, но Мятый Косматый Библиотекарь был не в том состоянии, чтобы отрицать что бы то ни было. Он мирно дремал в вереске и в расчет не принимался.

— На самом деле, — продолжал Иккинг, — вам следовало бы отблагодарить присутствующую здесь Большегрудую Берту. Едва взглянув на это создание, она поняла, что столь восхитительное

Секретное Оружие может принадлежать только великолепному Вождю Душегубов, то есть вам. Вот почему она помяла Библиотекаря. Разве я не прав, Берта?

— О... а... да, — торопливо откликнулась Большегрудая Берта, — совершенно верно.

Все затаили дыхание, пока Обжора переводил с Иккинга на Большегрудую Берту, затем на спящего Библиотекаря взгляд злобных голубых глаз, холодных и жестоких, как сам океан.

Он задумчиво покусал костяшку пальца минуту-другую, затем шагнул к Берте. В руке у него попрежнему был меч, сияющий и смертоносный. Берта храбро вскинула голову, ибо Бой-бабы смеются в лицо смерти, и взглянула Обжоре прямо в глаза, ожидая последнего удара...

...и, к ее изумлению, Обжора ВРУЧИЛ ей меч.

А Обжора нагнулся, сплюнул в вереск и махнул своему подручному. Пробурчал что-то Проглоту на ухо и, не говоря ни слова, взобрался на крадкого дракона. Прекрасное создание взмыло в воздух, мгновенно превратившись из зеленого, как вереск, в небесно-голубого, и улетело.

— Обжора вручает тебе этот меч в знак благодарности за то, что ты помогла ему поймать идиота, пытавшегося украсть его крадкого дракона, — язвительно сообщил Проглот. — Он, похоже, поверил твоей сказке... а я — нет, имей в виду.

Но Обжора — главный. СТРАЖА! — заорал Проглот, снимая Сердцерезы с перевязи Библиотекаря и вешая их себе. — ОТВЕЗИТЕ ЭТОГО СОННОГО БИБЛИОТЕКАРЯ К СТРАХОЛЮДАМ!

Воины взяли на караул. Один из драконов поднял в когтях безвольное тело Библиотекаря и полетел со своей ношей на запад.

Мятый Косматый Библиотекарь очнулся спустя много часов в сердце Страхолюдных земель с пульсирующей головной болью и обнаружил, что стал еще более тощим, чем раньше. А когда он сообразил, где находится, это отнюдь не сделало его добрее.

Специально для мягкосердечных читателей, обеспокоенных его судьбой, напоминаю, что он был исключительно неприятным типом и его Сердцерезы отправили в Валгаллу множество воинов. А ведь эти несчастные хотели всего-то стащить из библиотеки книжку, чтобы произвести впечатление на соплеменников! Так что не стоит его особенно жалеть.

Проглот сплюнул наземь так же отвратительно, как и его хозяин. Уж он-то точно не собирался оплакивать Библиотекаря.

— Так ему и надо за то, что проспал, — сказал он с мерзкой ухмылкой злобной жабы. — Пусть благодарит судьбу, что Обжора был еще благодушен. Я буду присматривать за тобой, Берта! — предупредил он предводительницу Бой-баб. — Я больше не потерплю краж у племени Душегубов. В другой раз ты так легко не отделаешься...

Душегубы забрались на своих верховых драконов и были таковы. Лишь еле уловимый серный душок гнилой селедки и тухлых яиц напоминал о том, что они побывали на Олухе.

19. ПОДАРОК НА ДЕНЬ РОЖДЕНИЯ

Берта выждала, пока враги не улетели достаточно далеко, и только тогда, потрясая кулаком им вслед, прокричала:

— Правильно, убирайся, глупый старый вонючка! Мы, Бой-бабы, не боимся тебя, так и знай! Уфф, — выдохнула она, — чуть не попалась! Должна признать, Стоик, этот твой тощий малек, может, и выглядит не ахти, и даже конфетку не способен украсть, но соображает шустро.

— Клянусь Тором, он способен украсть конфетку! — возразил Стоик, восторженно двинув сына по спине. — Он спер книгу из Остолопской публичной библиотеки... где книга, Иккинг?

Иккинг молча полез в рюкзак, вытащил второе издание «Как приручить дракона» и протянул его Стоику.

— Не говоря уже о краже Секретного Оружия у тебя и Обжоры Душегуба. Как по мне, так очень даже неплохо для двенадцатилетнего парня. И более того, он только что ДОКАЗАЛ, что Хулиганы ТАК ЖЕ сильны в воровстве, как и Бой-бабы. Придется тебе признать, что я выиграл наш маленький спор... Выкладывай топоры, Берта, проигрывать надо красиво...

И он злорадно потер руки.

Большегрудая Берта и без того была бесконечно далека от слова «красиво», а после этих слов еще и раздулась от ярости. Борода у нее ощетинилась, кулаки размером с хороший окорок сжались. Но в глубине души Берта была славной теткой, викингом слова. И в конце концов, юный Иккинг только что спас ее от пребывания в рабстве у Страхолюдов... Она бы, разумеется, сбежала — Бой-бабу взаперти не удержишь, — но все равно приключение вышло бы пренеприятнейшее.

Она перестала хмуриться, вытащила из-за пояса два своих лучших топора и протянула их Стоику с надлежащим добродушием.

Пусть вечер этого дня лишил ее двух топоров, зато принес поистине великолепный меч, а Душегубский меч на дороге не валяется.

— ВЕЛИКОЛЕПНО! — заорал Стоик Обширный. — Надеюсь, ты придешь сегодня на пир по случаю Дня рождения Иккинга?

— НУ РАЗУМЕЕТСЯ! — грянула в ответ Большегрудая Берта, возбужденно потирая руки, поскольку всегда была душой и сердцем любого праздника.

— Я подарю ему новый меч! — громыхнул Стоик, тщетно пытаясь говорить небрежно, а не ЛО-

ПАТЬСЯ от гордости за сегодняшние достижения сына. — Меч, подобающий двенадцатилетнему сыну викингского вождя... и к тому же выдающемуся Вору...

— Гм, отец, — перебил Иккинг. — Меня прекрасно устраивает мой старый меч, честно... По правде говоря, я хотел бы получить в подарок на День рождения кое-что ДРУГОЕ...

— ВСЕ, ЧТО УГОДНО! — сгоряча пообещал Стоик, все еще пребывая в диком восторге от выигрыша пари с Большегрудой Бертой. — Вообще все! Топоры, копья, новый дракон — все на свете!

— Ну-у, — протянул Иккинг, — чего бы мне действительно хотелось теперь, когда мы избавились от Мятого Косматого Библиотекаря, это чтобы с книг сняли запрет и снова открыли библиотеку для посетителей. Эти дрелинги превращают ее в помойку.

У Стоика грозно сдвинулись брови. Такое ему и в голову не могло прийти!

— Я ЗНАЮ, ты считаешь, «Как приручить дракона» — единственная стоящая книга, а прочие викингам не нужны. Но в библиотеке ГОРЫ книг, и если бы ты знал, о чем они, ты бы согласился, что они могут нам пригодиться, — умолял Иккинг. — Книги по бою на мечах и на топорах и про все разновидности драконов. А есть книги с картами, они помогут доплыть в Африку, в Индию, в Америку...

— Нет такого места! — фыркнул Стоик.

— Мы едва не ПОГИБЛИ в этой библиотеке, — продолжал Иккинг, — и уцелели только потому, что прочли, как одолеть чепушистиков. Именно так помогают нам книги, папа. Они могут спасти человеку жизнь, правда могут...

Стоик задумался. Из нагрудного кармана он извлек потрепанную тетрадку «Как одолеть дракона», конфискованную у Иккинга нынче утром.

Эта книга действительно спасла Стоику жизнь, всего десять минут назад.

Стрела Мятого Косматого Библиотекаря попала прямо в книгу у Стоика на груди. Наконечник ее вонзился так глубоко, что едва не рассек бедную истрепанную книжицу пополам.

Возможно, это знак Тора.

Возможно, книги не так опасны, как кажется, и, возможно, действительно могли бы принести пользу викингским племенам. Ему всегда хотелось отправиться в Африку...

— М-М-М-м-м-м, — промычал Стоик Обширный и протянул сыну «Как одолеть дракона».

«Викингскому вождю НЕ ПРИСТАЛО менять свое мнение...» — подумал Стоик. Поэтому он произнес как можно суровее и вождистее, в надежде, что никто не заметит:

— Гм, и все-таки я УВЕРЕН, что ты должен переписать эту книгу заново, Иккинг. — Он сурово сдвинул брови: — Взгляни на нее, она в непотребном состоянии. А что до того другого дела... Я подниму этот вопрос на Тинге.

Иккинг восхищенно улыбнулся.

Стоик Обширный и Большегрудая Берта потопали прочь, воодушевленно обсуждая приемы боя на топорах и кто самый крутой Борец.

— С Днем рождения, Иккинг, — улыбнулся Рыбьеног.

— Ну скажи же, — попросила Камикадза, глядя на Иккинга с оттенком тревоги, — что этот День рождения и вправду удался.

Иккинг прижал к груди книжицу «Как одолеть дракона».

Когда День рождения раз в четыре года, ОЧЕНЬ важно, чтобы праздник удался.

Он перебрал в памяти сегодняшние события. В целом день прошел не совсем так, как Иккинг надеялся, — он-то мечтал о по-настоящему тихих и мирных двадцати четырех часах.

Он украл Секретное Оружие Обжоры Душегуба. Вырубил дрелинга. Едва избежал кончины на острие одного из Сердцерезов Мятого Косматого Библиотекаря. Заблудился в лабиринте. Открыл Путь Заклинателя Драконов. Разобрался с целым гнездом чепушистиков. Спас отца от смерти, а Большегрудую Берту от отправки в рабство Страхолюдам...

Да что там, обычный день на Варварском архипелаге.

Но в итоге все обернулось к лучшему.

Один Тор знает как...

Тем-то и удивительна жизнь на Олухе. Она немного напоминает само море. Только что кругом бушуют бури, тонут корабли и приходится спасаться от смертельно опасных драконов, и вот уже все тихо, спокойно и благостно, словно никаких ужасов и не было вовсе.

Солнце уже село, и на темнеющем небе начали проступать звезды, отражаясь, словно свечи, в зеркальной глади гавани внизу. Выше по склону холма в Хулиганской деревне зажигались огни Деньрожденного Пира. Викинги готовились к празднику, и кто-то уже запел.

Как ни удивительно, Хулиганы, самые грубые и закоренелые разбойники среди варваров, пели просто восхитительно. Их глубокие, сильные голоса поднимались к небу вместе со столбами дыма в нежной, умиротворяющей гармонии.

Иккинг удовлетворенно вздохнул.

Он любил свою семью, но быть настолько непохожим на сородичей-Хулиганов порой нелегко.

Не затащи его Беззубик с Камикадзой в Библиотечный Лабиринт, он бы никогда не узнал о существовании своего загадочного предка. Человека, которого звали так же, как его, и которому было интересно то же, что ему.

И каким-то образом это открытие заставило мальчика почувствовать себя куда менее одиноким в этом мире...

Он повернулся к Камикадзе:

— Эх... При всем при том День рождения получился ЗАМЕЧАТЕЛЬНЫЙ.

Камикадза на радостях прошлась колесом.

Вместе с добрыми друзьями Рыбьеногом и Камикадзой Иккинг неторопливо двинулся вниз, на Пир. Глубоко в темных зарослях папоротников мерцали искорки светляков, освещая дорогу к деревне.

— **Ты идешь на П-п-пир, Б'бу-буриму-ха?** — спросил зардевшийся Беззубик со своего насеста на Иккинговом шлеме.

— **Может быть,** — небрежно отозвалась драконица, пролетая на бреющем полете над омутком, чтобы полюбоваться собственным отражением в воде. — **Никому не дано знать, что затеет Буримуха...**

— **Б'бе-беззубик знает, где держат ед'ду...** — заявил дракончик.

При упоминании о еде Буримухины желтые глаза вспыхнули.

— **Веди же, деснистый мой,** — проворковала она.

Два дракончика упорхнули в сторону деревни.

— **Беззубик! Не вздумай таскать еду до начала Пира!** — встревоженно крикнул им вслед Иккинг. — **Мы ведь из-за тебя в эту передрягу угодили... Ну же, будь умницей, Беззубик!**

Буримуха захлопала красивыми длинными ресницами.

— **Ой, нам бы и в голову не пришло воровать еду или нарываться на неприятности, правда, Беззубик?** — окликнула она через плечо. — **Не волнуйся, Беспокойный Конопатый Человечек, Буримуха присмотрит за ним, доверься Буримухе...**

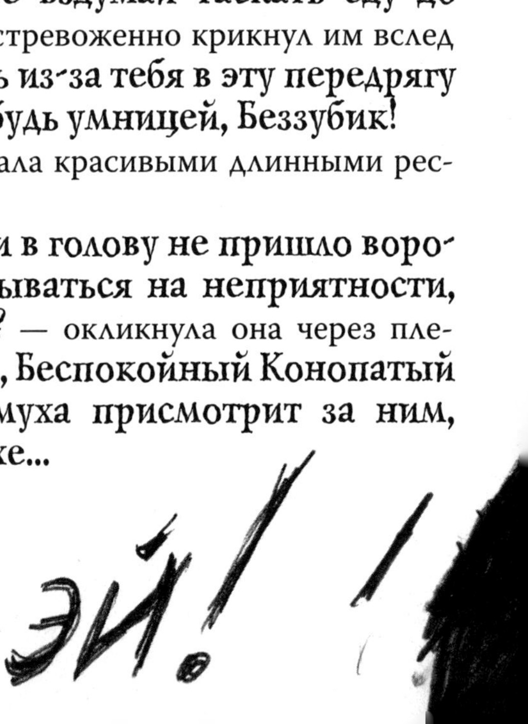

И два дракончика спланировали в направлении тихой, ничего не подозревающей деревни внизу. Даже в вечерней темноте Иккинг видел, как изящная фигурка капризавра прямо на лету меняет цвет от золотого к фиолетовому, а затем к глубокому индиго.

Но разве можно утверждать, что драконов не было? Ведь никто из нас не жил в Темные Века

Эпилог Иккинга Кровожадного Карасика III, последнего из великих героев-викингов

Вот и вся история о том, как в свой двенадцатый День рождения я ухитрился открыть для всех Остолопскую публичную библиотеку.

Отец мой сдержал обещание и произнес на Тинге страстную речь, утверждая, что книги не опасны, но могут принести пользу викингским племенам. И таково было его влияние на том собрании, что запрет на книги сняли, библиотека снова открылась для посетителей, а дрелингов прогнали из залов и больше не давали там пастись.

Я провел в этой самой библиотеке множество счастливых часов, бродя по тихим коридорам и открывая каждую книгу, словно дверь в иные времена, иные миры. Это напоминает мне о том случае, когда я обнаружил Путь Заклинателя Драконов...

Сам я вырос не только Героем, но и Писателем. Став взрослым, я переписал свой труд «Как одолеть дракона» и включил в него не только описания различных опасных драконов и полезный

Человечье-Драконий Словарь, но также и непростую историю создания книги.

Эту книгу ты и держишь сейчас в руках.

Может, ты даже взял ее в той самой библиотеке?

Если так, хвала Тору, что зловещая фигура Мятого Косматого Библиотекаря больше не шныряет по темным углам с Сердцерезами наготове. И что в наказание за свое любопытство тебе не придется услышать зловещий визг дрелингов.

Уверен, ты, дорогой читатель, и представить себе не можешь, каково жить в мире, где книги запрещены.

Ведь там, в Будущем, такого быть не может, верно?

Благодари богов, что ты живешь там и тогда, когда люди имеют право жить, думать, писать и читать свои книги в мире и спокойствии и Герои больше не нужны...

И храни память о тех, кому повезло меньше.

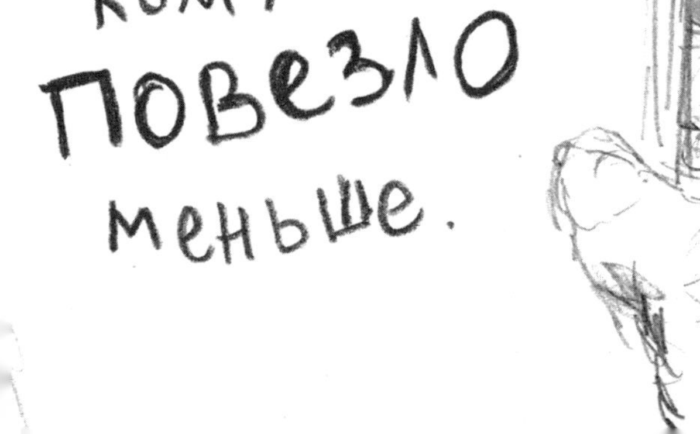

ВИДЫ ДРАКОНОВ

ДРАКОН-ВОНЮЧКА

~ ХАРАКТЕРИСТИКИ ~

ОКРАС: вырвиглаз-оранжевый с большими черными полосами

ВООРУЖЕНИЕ: сногсшибательно гадкий запах

ФАКТОР УСТРАШЕНИЯ: драконов-вонючек никто не БОИТСЯ, потому что они не могут УБИТЬ, но люди стараются обходить их стороной..............4

АТАКА:..............7

СКОРОСТЬ:..............3

РАЗМЕР:..............3

НЕПОСЛУШНОСТЬ:..............8

Боюсь, драконы-вонючки откладывают яйца прямо в дымящуюся драконью кучку

Способ защиты у дракона-вонючки почти такой же, как у скунса. Потревоженный или напуганный вонючка разевает пасть и обдает жертву облаком вонючего пара. Если вас обдал дракон-вонючка, минимум неделю вас все будут обходить десятой дорогой. А первые 48 часов запах так неописуемо ужасен, что приблизиться к вам почти физически невозможно.

Молодому дракону-вонючке очень грустно, потому что с ним никто не дружит

Капризавр

~ ХАРАКТЕРИСТИКИ ~

ОКРАС: постоянно меняется

ВООРУЖЕНИЕ: маскировка, обычные когти и огонь.

ФАКТОР УСТРАШЕНИЯ:.............................. 4

АТАКА:.............................. 6

СКОРОСТЬ:.............................. 10

РАЗМЕР:.............................. 3

НЕПОСЛУШНОСТЬ:.............................. 7

Гнездо капризавра с четырьмя яйцами в нем: 1 веселым, 1 грустным, 1 смущенным и 1 в ярости

Капризавр меняет цвет, когда сердится. Заметьте, как капризавр к тому же раздувается от ярости.

Капризавр меняет ОКРАС в зависимости от настроения. Так, сердитый капризавр становится иссиня-черным, возбуждению соответствует шафрановый оттенок, нервозности – бледно-бледно-зеленый. РАЗМЕРа могут быть разного. Некоторые со спаниеля, другие – со львицу.

Капризавр вне себя

ДРЕЛИНГ

~ ХАРАКТЕРИСТИКИ ~

ОКРАС: черный
ВООРУЖЕНИЕ: жуткое вращающееся сверло и обычные зубы и когти
ФАКТОР УСТРАШЕНИЯ: 8
АТАКА: 9
СКОРОСТЬ: 6
РАЗМЕР: 6
НЕПОСЛУШНОСТЬ: 6

Яйца дрелингов густо покрыты шипами,

но, к счастью,

у мамы-дрелинга толстая шкура на попе

Дрелинги представляют собой исключительное явление, поскольку на носу у них имеется сверло, способное вращаться с поразительной СКОРОСТЬЮ. Это сверло прошивает дерево, как воду. Дрелингов часто используют как сторожевых драконов.

Детеныш дрелинга очень доволен собой – он только что свалил свое первое дерево

ЖГУЧИЙ ЗУДЕНЬ

~ ХАРАКТЕРИСТИКИ ~

ОКРАС: ярко-красный, чили
ВООРУЖЕНИЕ: кусается и жалит гораздо больнее, чем шершень
ФАКТОР УСТРАШЕНИЯ: 4
АТАКА: 4
СКОРОСТЬ: 5
РАЗМЕР: 8
НЕПОСЛУШНОСТЬ: 3

Жгучие зудни, как ясно из названия, почти невыносимо горячие на ощупь. Они кровососущие и, попадая под одежду, мигом расползаются по всему телу, непрестанно кусаясь. Нападение жгучих зудней бесконечно хуже, чем муравьи в штанах.

ДРАКОН-КУКУШКА

~ ХАРАКТЕРИСТИКИ ~

ОКРАС: аквамариновый или бирюзовый

ВООРУЖЕНИЕ: ничего особенного, но драконы-кукушки очень коварны и умны

ФАКТОР УСТРАШЕНИЯ:..........3

АТАКА:..........2

СКОРОСТЬ:..........4

РАЗМЕР:..........6

НЕПОСЛУШНОСТЬ:..........5

Дракон-кукушка откладывает яйцо в гнездо птицы, которая затем выращивает драконьего детеныша как собственного птенца, несмотря на растущие РАЗМЕРЫ и силу самозванца...

ДРАКОН-НЮХАЧ

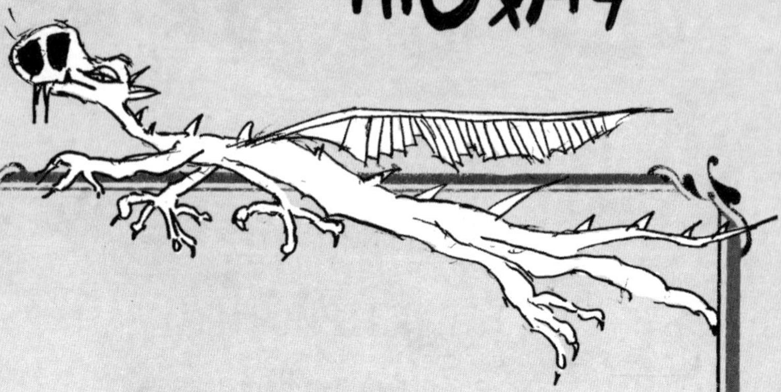

~ ХАРАКТЕРИСТИКИ ~

ОКРАС: бледно-голубой
ВООРУЖЕНИЕ: большой нос
ФАКТОР УСТРАШЕНИЯ: бойцы из нюхачей так себе. Племя Душегубов использует их скорее как ищеек для выслеживания врагов......3
АТАКА:......6
СКОРОСТЬ:......4
РАЗМЕР:......4
НЕПОСЛУШНОСТЬ:......1

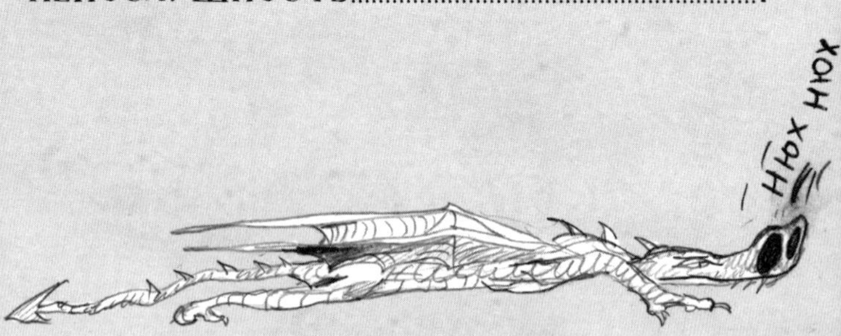

У нюхачей огромные мохнатые носы, очень чувствительные. За долгие столетия они приспособились к вони Душегубов, и она их больше не волнует.

Нюхачи очень ласковые и морщат носы, когда знакомятся друг с другом. Из них получаются прекрасные друзья и домашние питомцы.

ЭЛЕКТРОЧЕРВЬ

~ ХАРАКТЕРИСТИКИ ~

ОКРАС: прозрачный
ВООРУЖЕНИЕ: электричество
ФАКТОР УСТРАШЕНИЯ:..........4
АТАКА:..........6
СКОРОСТЬ:..........2
РАЗМЕР:..........1
НЕПОСЛУШНОСТЬ:..........3

Эти микродраконы неагрессивны, но прикосновение к ним вызывает (пусть и не смертельный) электрошок. Как и их близкие родичи-светляки, эти существа используются в качестве источника света в отсутствие огня или свечи.

СВЕТЛЯК

~ ХАРАКТЕРИСТИКИ ~

ОКРАС: днем серый, ночью светится
ФАКТОР УСТРАШЕНИЯ:..0
АТАКА:..0
СКОРОСТЬ:..0
РАЗМЕР:...0
НЕПОСЛУШНОСТЬ:..2

Светляки – крохотные создания, больше похожие на червей, чем на настоящих драконов. Могут рассеять тьму в безлунную ночь или в пещере. Иногда викинги сажают их в фонари.

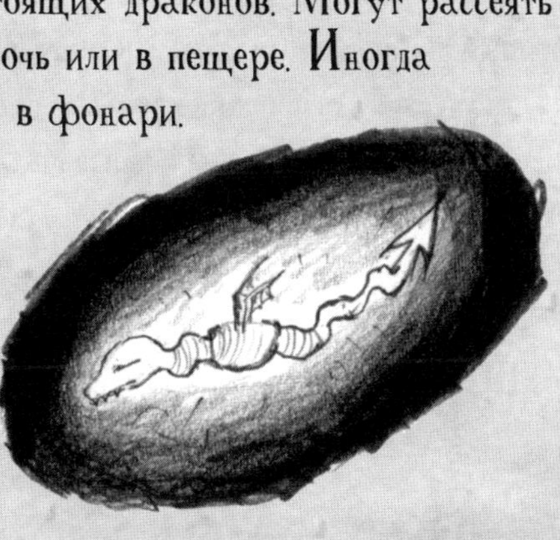

КУЦЕКРЫЛАЯ ЗМЕЕБЕЛКА

~ ХАРАКТЕРИСТИКИ ~

ОКРАС: зеленый с коричневым, серый с белым. Полосатый хвост и пятнистое брюшко.
ВООРУЖЕНИЕ: обычные когти и огонь
ФАКТОР УСТРАШЕНИЯ: страшна только своей привычкой устраивать лесные пожары, случайно поджигая деревья в процессе охоты. У них есть особый клич, который созывает бригаду других куцекрылых змеебелок, чтобы затушить пожар с помощью огнеупорных крыльев.......................3
АТАКА:.......................2
СКОРОСТЬ:.......................8
РАЗМЕР:.......................3
НЕПОСЛУШНОСТЬ:.......................8

Леса Варварского архипелага буквально кишат этими очаровательными дракончиками. Подвижные щебечущие маленькие создания, куцекрылки имеют очень длинные хвосты, оканчивающиеся крюком, чтобы лучше цепляться за ветки, перепархивая с дерева на дерево. Как видно из названия, куцекрылки практически утратили способность летать. Короткие неуклюжие крылышки они используют лишь для планирования с дерева на дерево. Куцекрылые змеебелки устраивают гнезда в дуплах, как дятлы.

Дракон-вампир

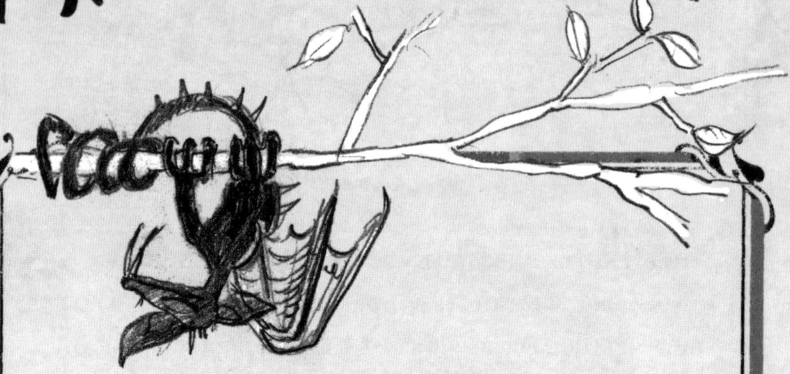

~ ХАРАКТЕРИСТИКИ ~

ОКРАС: черный, темно-серый, полуночно-синий
ВООРУЖЕНИЕ: два передних зуба и рот с мощным всасыванием
ФАКТОР УСТРАШЕНИЯ:..........7
АТАКА:..........7
СКОРОСТЬ:..........4
РАЗМЕР:..........2
НЕПОСЛУШНОСТЬ:..........9

Эти ночные кровососущие твари нападают на любое крупное млекопитающее – оленя, барана – и даже на людей. В одиночку вампир убить не способен, но нападение целой стаи часто оказывается смертельным. Жертва не просыпается во время атаки, потому что перед укусом вампир обезболивает кожу.

Крадкий дракон

~ ХАРАКТЕРИСТИКИ ~

ОКРАС: постоянно меняется
ВООРУЖЕНИЕ: реактивные огненные ракеты, струя взрывного горения и молнии из пальцев.
ФАКТОР УСТРАШЕНИЯ: 8
АТАКА: 9
СКОРОСТЬ: 9
РАЗМЕР: 8
НЕПОСЛУШНОСТЬ: 5

К сожалению, мы не можем показать вам крадкого дракона. Он так хорошо замаскирован, что практически невидим. Эти драконы незаменимы, когда надо незаметно подобраться к врагу.

Землекопный слизнеклык

~ ХАРАКТЕРИСТИКИ ~

ОКРАС: коричневый, серый и розовый плюс мерзкая липкая слизь, как у удушителя (эти виды – родственные)

ВООРУЖЕНИЕ: слизнеклык утаскивает жертву под землю и, дождавшись, когда она задохнется, пожирает.

ФАКТОР УСТРАШЕНИЯ: если слизнеклык схватил вас за лодыжку, с вами покончено..............10

ЗАЩИТА: на некрупных слизнеклыков порой нападают огромные существа типа моредраконуса гигантикуса максимуса. Он хватает их за щупальца и вытаскивает из земли, как червяков. Но в основном слизнеклыки закапываются слишком быстро и слишком глубоко, чтоб их поймать..............9

СКОРОСТЬ: жутко быстрые..............10

В земле под болотами и зыбучими песками Варварского архипелага ворочается НЕЧТО. Представьте себе беспечного викинга, выискивающего съедобных моллюсков на пляже. Внезапно из песка высовывается отвратительное щупальце и обвивается вокруг его лодыжки... В песке словно лопается пузырь, викинга утаскивает под землю, и больше его никто никогда не видит.

Слизнеклык снова нанес удар. Слизнеклыки – поистине гигантские подземные твари, живущие под землей, словно громадные противные черви. Они стоят за таинственными исчезновениями тысяч викингов и множества болотных и папоротниковых драконов.

ЧЕЛОВЕЧЬЕ-ДРАКОНИЙ СЛОВАРЬ

~ ЧЕЛОВЕЧЬЕ-ДРАКОНИЙ СЛОВАРЬ ~

А

ай	**ой-ойййй**
акула	**зуб-клатс**
акулогад	**страх-зуб-клатс**

Б

башмак	**топ-мешок**
бедный	**пун-ня**
бежать	**быстро-ход’ду**
без проблем	**да-лех’ко**
береговички	**щелк-нямки**
болото	**топссь**
больной	**сссафсемхуд’д**
больше чем	**исч’чо-мног’га**
большой	**ого-гокс**
брать	**хап-хапсы**
бросать	**швыркcы**
бумага	**шуршалка**
было	**бысь**

~ ЧЕЛОВЕЧЬЕ-ДРАКОНИЙ СЛОВАРЬ ~

В

в	**ва**
вверх	**вссинь**
вереск	**шурх-шурх**
веселый	**ухихикссс**
весна	**мок’крянь**
вести (за собой)	**чур-вп’ред**
ветер	**дуйк’ка**
видеть	**зырки-зырки**
викинги	**мохн’рыл-без’змозг-глики**
вилка	**тык’ка**
вкусно	**мняк’ка, хряп-па**
вниз	**нырк’ки**
внутри	**втам’ма**
вовсе нет	**нираз’зу**
вода	**буль-буль**
волна	**мокрошшмяк’к**
волосы	**фу-трава**
воняет	**нюхи-фу**
враги	**бяк’ки-бук’ки**
время	**тик’к-так’к**

все равно	**до-балд’ды**
всегда	**завсехд’да**
встречать	**топыжмак’ксы**
выбирать	**кок’ть-тыксы**
выйти из себя	**кряксы** **гр-грыксы** **шандараксы**

Г

гавань	**луж’жа**
где?	**ыде?**
глаза	**буркалк’ки**
глупый	**туп-тупч’чи**
гнездо	**куч’ча**
голова	**к’кивал-ло** **думалк’ка** **бошшк’ка**
головная боль	**ой-бошшк’ка**
голод	**пуз’зик-ай**
горло	**шей-йа**
грозовые облака	**гром-кучч’и**
громко	**фортисссссимо**

~ ЧЕЛОВЕЧЬЕ-ДРАКОНИЙ СЛОВАРЬ ~

Д

да	**агась**
дай	**ану**
далеко	**ыде-то-там'м**
дверь	**хлопень**
день	**светь**
дерево	**шкряб'б** **лиссств-вяк**
для	**дя**
до свидания	**вали'тсюд'д**
добрый	**л'пусся**
довольный	**чики-пуки**
дождь	**ссиняхлюп,** **Гром'вик хныкс-капс** (букв. «слезы Тора»)
дом	**хат'та-а,**
доспехи	**бескрылш-норк'ка** **щит-пуз'зик**
дракон	**зеленког'ть** **зеленкр'в**
друг	**др'жба-а-ан**

Е

еда	**хряп'пс**
есть	**хряп-хряп** **хав-хав** **ням-ням**

Ж

жадный	**перехапсс**
желудок	**бурр-бурр**
живот	**пуз'зи-и-ик**
живот болит	**ой-пуз'зи-и-ик**
жить	**заг'гибсы**

З

забрать	**хапсы**
забыть	**упсы**
завтрак	**рань-ням'м**

закрывать	**хлопсы**
запах	**нюхи**
застенчивый	**тюх'ха**
здесь	**тут'та**
земля	**чав-чава**
зима	**брр-зябь**
злой	**гр-грыкч'чи**
злопамятный	**з'злумч'чи**
знать	**тум-тумксы**

И

и	**нуи**
имя	**кликса**

К

как	**ак'ко**
как поживаешь?	**усетиптоп?**
как?	**эка?**
камень	**нассест'т**
кастрюля	**нямица**

~ ЧЕЛОВЕЧЬЕ-ДРАКОНИЙ СЛОВАРЬ ~

каша	липк’ка-бяк’ка
кинжал	пырякс
коврик	шарк-шарк
когда?	ыгда?
когти/ногти на ногах	кок’ть
колени	щелк-щелк
комната	халабуд’да
копье	шв’ркс-пырякс
корабль/парус	вет’р-цоп
корова	му-ням’м
кость	белла-палк’ка
который?	ыкий?
кошка	мяуч’ча
крабы	шмыг’г-цоп
красть	лямз’зы
крик	ва-ва
кровать	спяч’чник
кровь	ойкапс алояк’ка
кролик	трав-шмыг’г
крылья	бяк-бяк’ки
кто?	хта?
куртка	суг’грейка
кусочки	крохк’ки
кухня	нямня

~ ЧЕЛОВЕЧЬЕ-ДРАКОНИЙ СЛОВАРЬ ~

Л

лапы	**бегалки**
лгать	**зеленкр'в-гритсы**
летать	**бяк-бяксы**
лето	**жяка**
ловить	**цопсы**
ложка	**черпало**
лошадь	**цок-цок-ням**
лук и стрелы	**бамтык и бякшибало**
луна	**в-мрак'к-бурк'кало** (букв. «глаз в темноте»)
лучше	**больш-смак'ко**
любимый	**нич'че-так'к**
любовь	**нра-нра**
люди	**бес-скрылш'ши** **наз'земник-ки** **г-гряз'ползалк'ки** **без'змозг-глик'ки**

М

маленький	**еле-ч'чуть**

мать	мам’ма
мед	жжж-ням
меньше чем	чутьктому
меч	секало
микродраконы	попрыгунч’чи кукиш-мякиш
мне нравится	тошшонад’до
много	куч’ча
можно мне?	мона?
мой	мя, мню
молоко	му-хляб
море	мокреть
морковь (и любые овощи)	хряп-нямка
мочь	неслаб’боксы
мышь	писк-писк

Н

на цыпочках	тих-сап
нагадить	накластсы
наружу	оп
насекомые	шмыг’ги
начинать	пшел-пшелсы

не (частица)	**ни-ни**
не волнует	**начхат**
не нравится	**ни-нинра** **фубяк’ка**
небо	**синь-верх**
немного	**мал-маль**
нести	**ташшитсы**
нет	**не-а**
никто	**нирыла**
но	**ба**
ноги	**лап’пки**
ноги болят	**лап’пки-ой**
нож	**вжжик**
нора	**лазок’к**
нормально	**оки**
нос	**нюхач’чка**
ночь	**хррап-сопь**
нюхать	**нюх-нюх**

О

облако	**мокр-куч’ча**
обнимать	**п’зи-и-ик тиск-тиск**
овощи	**зеленя-ням**

~ ЧЕЛОВЕЧЬЕ-ДРАКОНИЙ СЛОВАРЬ ~

овца	тупухлик'к
огонь	тепл'пусь-пусь жг'н-треск'к
огурец	ог'гур
одеяло	гнезд'дило
однажды	разок'к
океан	мок'кр-усё
окно	зырк-тырка
окунать	макатсы
олень	к'ко-клет-бодун
омары	ка-ак'кусь
он	вон
определенно	зуб'бдамс
орать	рёвсы
осень	осыпк'ка
острова	сух-стопк'ки
отвратительно	бяк'ка
отец	пап'па
отрыжка	грым'м
охотиться	цопсы-хряп'сы
очень	то-олст
очень больно	ай-зубдерг'г
очень вкусно	ням-нямч'чи
очень противно	дву-фубяк'ка

~ ЧЕЛОВЕЧЬЕ-ДРАКОНИЙ СЛОВАРЬ ~

П

папоротник	бокошкряб'б
парень	чу-увак'к
пари, спор	на-авоськ'ка.
печенье	хрум-хрум
пиво/мед	дур-бульк'к хихи-хляб шатай-вод'да
пижама	жам'ма
пить	бульк'ксы
плавать	мокр'бякс-сы
плащ	куталк'ка
плевать	тьфуксы
плохое настроение	пых-бурурум
пляж	сухотка
погоня	гонялк'ка
пожалуйста	пж'а-а-алст
пол	плюч'чник
ползать	шмыгсы
помет	кака
помнить	окак'к-ево-бишь
понравилось	тошшонад'до

последний раз	**нуусё**
потолок	**хат'та-крышшк'ка**
потому что	**авот**
почему?	**с чивой?**
поэтому	**знатца-ца**
правильно	**оп-ля**
привет	**нашше вамм с-к'сточкой**
привидение	**ч-ч-чурмя**
приступ гнева	**визг'ги-визг'ги**
просыпаться	**зырк'ки-в-растопырк'ки**
прямо сейчас	**чик-трак, быр-быро**
птица	**ням-ч'чирик**
пукнуть	**на-афуняит, под-да г-газу**
пчела	**жжж**

Р

разводить огонь	**жгун-топсы**
разреветься	**ра-асхлябсы**
ракушка	**крак-чпок'к**
римляне	**мордолыс-без'змозг-глик'к**
рот	**ням-мник'к**
руки	**хвать-хватк'ки**

ручей	журч'ча
ручка	шкряб-шуршк'ка
рыба	шмяк'ка
рыть	коп-копсы
рядом	зд'ся

С

свинья	хрю-ням
селедка	вон'юшшка
сердце	тудум-тудум-м
середина	средк'ка
сидеть	поп'па-плюхсы
сильный голод	пуз'зик-пуст
следовать	топ-топс-сы
слышать	ухирастоп'пырс-сы
смерть	точ'чняк-усё
смех	хихи-хахи
смотреть	зырк'ксы
снег	гром'вик-бошк'ка-чух-чух
снова	исч'чо-ра-ас
собака	гавк-гавк
солнечный свет	зырк'ки-ой
солнце	мир-жжарк'ка

сопли	**мозга-ад'дость**
спальня	**хр'пельн-ня**
спасибо	**п'псиб**
спать	**дрыхсы**
старый/морщинистый	**смят-т**
стекло	**прозрач'чка**
стол	**нямням'мник**
стошнило	**б'бу-э**
стул	**подз'зад'дник**
сыр	**фуфуфля**

Т

тайком	**на-кок'ти**
танцы	**шманцы-цы**
тарелка	**вд-дребезг'г**
терять	**профук'ксы**
тоже	**тож**
толстый	**пуз'за-медуз'за** **пумпырч'чи**
топор	**хряс-сник**
Тор	**Гром'вик**
трава	**зелен-ня**
треск	**тресь**

трехлетка	**двузимник’к**
труба	**дымик’ка**
туалет	**как’ка-яма**
туда	**тудой**
ты	**тву**

У

удача	**чур’мну**
украсть	**слямсы**
укусить в живот	**ням-ням’м п’зи-и-ик**
укусить за задницу	**ням-ням’м поп’па-а**
укусить за палец	**ням-ням’м кок’ть**
улыбаться	**ням-мник’к-гнутсы**
умный	**шустр-тум-тум**
урок	**дрых-хрр**
урчание	**п’зи-и-ик-мурр**
устал	**щ-щасбыд’дрых**
установить, приладить, положить, надеть	**анук’как**
устрицы	**соляшк’к**
уши	**ух-хи**
уютно	**вкуч’чу-гоп**

~ ЧЕЛОВЕЧЬЕ-ДРАКОНИЙ СЛОВАРЬ ~

Х

хвост	**шустр-вилк'к**
ходить	**шарк-шарк**
хозяин	**дур-дурч'ч-гав**
холодно	**бырки**
хорошо	**оки-д'доки**
хот-дог/сосиска	**жар-гавк**
хотеть	**над'да, хотца-ца**
храбрый	**прид'дур**

Ц

царапина	**гырка (д'длинн-гырка)**
цветок	**жжжмяк'ка**
целовать	**ч'чмок-ки-ч'чмок-ки**

Ч

чей?	**кавой?**
черви	**з'за-го-гу**

чихать	**пщхи-и-и-и**
что?	**чивой?**
что	**ча**

Ш

шаги	**топ-топ**
шепот	**шу-шу**
шлем	**крыш-бошшк'ка**
шлепать	**на-нашк'ксы**
шоколад	**щиклат**
шутить	**под'дхихиксы**

Э

это	**та**

Я

я	**мну**
я сам	**моя**

ягодицы	поп'па-а з'зад-д
ядовитый	пуз'зи-и-ик охбеда кишк'брык
язык	лала-вилк'к

ЦВЕТА

черный	спрут-тч'чи
синий	в-высьч'чи
зеленый	зеленяч'чи
лиловый	сирен'н
красный	мал-лин роз'зик ал-л
белый	мел-л
желтый	масл-л

~ ЧЕЛОВЕЧЬЕ-ДРАКОНИЙ СЛОВАРЬ ~

Числительные

Считаем по-драконьи до упора

один	**рас**
два	**двас**
три	**трис**
четыре	**чич'ча**
пять	**пясь**
шесть	**шись**
семь	**сема**
восемь	**асема**
девять	**деть**
десять	**ня**
одиннадцать	**диня**
двенадцать	**двыня**
тринадцать	**триня**
четырнадцать	**ч'чиня**
пятнадцать	**пясьня**
шестнадцать	**шисьня**
семнадцать	**семаня**
восемнадцать	**асеманя**
девятнадцать	**детьня**
двадцать	**дват'ти**
двадцать один	**дват'ти рас**
двадцать два	**дват'ти двас**

двадцать три	**дват'ти трис**
двадцать четыре	**дват'ти чич'ча**
двадцать пять	**дват'ти пясь**
двадцать шесть	**дват'ти шись**
двадцать семь	**дват'ти сема**
двадцать восемь	**дват'ти асема**
двадцать девять	**дват'ти деть**
тридцать	**трит'ти**
сорок	**чит'ти**
пятьдесят	**пясьти**
шестьдесят	**шисьти**
семьдесят	**семти**
восемьдесят	**асемти**
девяносто	**дет'ти**
сто	**туч'ча**
сто один	**туч'ча рас**
тысяча	**ухты**
сто тысяч	**туч'ча ухты**
миллион	**нуващe**
сто миллионов	**туч'ча нуващe**
мириад	**жжуть**
гугол	**вау-жжуть**

самое большое число, какое только смогли придумать, а потом добавили единицу:

фу-ты-ну-ты-мозг'г-хрясь-жжуть рас

Беседы с Беззубиком

Знакомство

Нашше вамм с-к'сточкой!
Привет!

Мну кликса Б'бе-беззубик, усётиптоп?
Меня зовут Беззубик, как поживаешь?

Эка тя кликса?
Как тебя зовут?

Эка твоя смят-т?
Сколько тебе лет? (букв.: Насколько ты морщинистый?)

Мну двузимник'к.
Мне три года.

Ыде твоя зг'гибсы бяк-бяк'ки?
Где ты живешь? (букв.: Где ты складываешь крылья?)

Мну зг'гибсы в-в лиссств-вяк тут'та.
Я живу на этом дереве.

Мну зг'гибсы в-в лазок'к трав-шмыг'г тут'та.
Я живу в этой кроличьей норе.
(Мну хряп-хряп трав-шмыг'г.
Я съел кролика).

Мну зг’гибсы у мя др’жба-а-ан Ик’кинг.
Я живу у своего друга Иккинга.

Этот оки дя без’змозг-глик’к.
Он нормальный, для человека.

Ни-нинра бяк’ка-бук’ка Сморк’кала.
Не люблю этого гада Сморкалу.

Нюхи-фу исч’чо-мног’га ча пясь-светь смят’та вон’юшка, макана во г’гром-мель как’ка.
От него смердит хуже, чем от пятидневной селедки, засунутой в помет громмеля.

Мну ни-ни под’дхихиксы.
Я не шучу.

Нуусё мну вон зырк’ки, вон та нюхи два фу-фу мну чуть-ни б’бу-э.
Когда я в последний раз его видел, он так вонял, что меня едва не стошнило.

Нуи твоя зырки-зырки нюх-нюхач’чка чу-увак’ки?
А ты видел нос этого парня?

Така ого-гоксса нюх-нюхач’-чка, мона ог’гур тудой тыксы.
Нос такой большой, что туда можно огурец засунуть.

Мну тум-тумксы, авот разок'к тыксы.
Я знаю, потому что однажды
так и сделал.

Вон дрыхсы.
Он спал.

Ба зырк'кимрастопырк'ки на раз-два.
Но сразу проснулся.

Вон бысь кряксы-гр-грыксы.
Он был слегка недоволен.

Мну ни-ни тум-тумксы, ба вон завсехд'да ни-нинра мну.

Не знаю почему, но он всегда меня недолюбливал.

Х-х-х-х-хи-хи-хи-хи!

Ха-ха-ха!

Мну до-балд'ды ж.

А мне все равно.

Беззубик заболел

Ой-ой-ой, Гром'вик кок'ти-и!
Ой-ой-ой, клянусь ногтями Тора!

У Б'бе-беззубика ой-бошшк'ка.
У Беззубика болит голова.

Или:

У Б'бе-беззубика лап'пки-ой.
У Беззубика ножки болят.

Или, чаще всего:

У Б'бе-беззубика ой-пуз'зи-и-ик.
У Беззубика живот болит.

Мну ни-ни под'дхихиксы.
Я не притворяюсь.

Мну ай-зубдерг'г.
Мне очень больно.

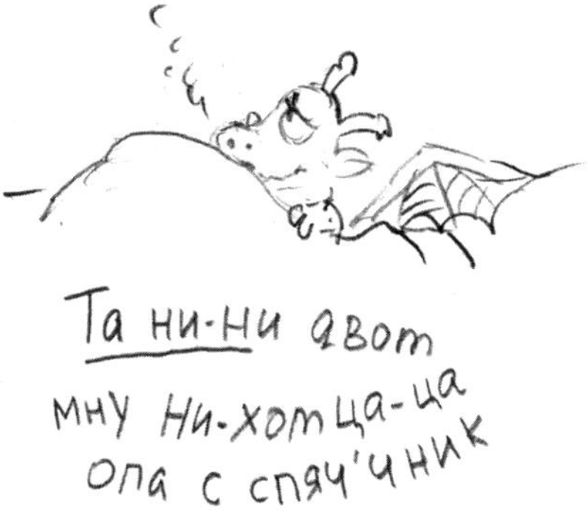

Та ни-ни авот мну ни-хотца-ца опа с спяч'чник.
Это не потому, что я не хочу вылезать из кровати.

Та ни-ни авот мну вкуч'чу-гоп в-в спяч'чник.
Это не потому, что мне так уютно в кровати.

Та ни-ни авот мну ни-хотца-ца опа хат'та цопсы шмяк'ка н-на Дрых-хрр Цопсы-хряп'сы дя ого-гокс пуз'за-медуз'за Плевака Ва-вака.
Это не потому, что я не хочу выходить из дома ловить рыбу на Уроке Охоты для большого жирного Плеваки Крикливого.

Тама Гром'вик хныкс-капс.
Там дождь идет. (букв.: Там слезы Тора.)

Нуи бырки.
И холодно.

Авот дя мну шарк-шарк точ'чняк-усё.
Это потому что я умираю.

Мя пуз'зи-и-ик-ой-ой-ой.
У меня очень-очень болит живот.

(ПАУЗА)

Мона нюх-нюх рань-ням'м?
Можно понюхать завтрак?

**ОООоооооооо, жар-гавки нуи
соляшк'ки мну САМЛУЧ'ЧШ хряп'пс.**
ОООооо, сосиски и устрицы —
моя ЛЮБИМАЯ еда.

**Мну ого-гоксс пуз'зик-ай
та хав-хав му-ням'м.**
Я такой голодный,
что готов корову съесть.

Пуз'зик-ай... Нуи точ'чняк-усё.
Голодный... И умираю.

Мона Б'бе-беззубик хряп-хряп рань-ням в-в спяч'чник?
Можно, Беззубик позавтракает в постели?

С чивой не-а?
Почему нет?

Тву гр-гр-гр-грыкч'чи дур-дурч'ч-гав.
Ты очень злой хозяин.

Тудум-тудум'м твоя с нассест'т.
С каменным сердцем.

Нуи тву ххны-ххныкс огогокс, ыгда тя пун-ня еле-ч'чуть зеленкр'в пришарк-шарк точ'чняк-усё ат пуз'зик-ай нуи ой-пуз'зи-и-ик.
И ты пожалеешь, когда твой бедный дракончик умрет от голода и боли в животе.

Ба чур'м-мну тя: мну чуть больш-смак'ко.
Но тебе повезло: мне немного лучше.

(вылетает из кровати, чудесным образом выздоровев)

Мона мя жжж-ням па соляшк'к?
Можно мне меду к устрицам?

Заклятый враг Иккинга

Элвин Вероломный

Бывший Вождь Племени Отщепенцев

От жадности и злобы Элвина с каждым годом становится все меньше.

Руку ему отрубил сюрприз Черноборода Оголтелого.

От желудочного сока зверского удушителя у Элвина выпали все волосы.

Ногу и глаз он потерял, столкнувшись с акулогадами...

Так от него скоро вообще ничего не останется.

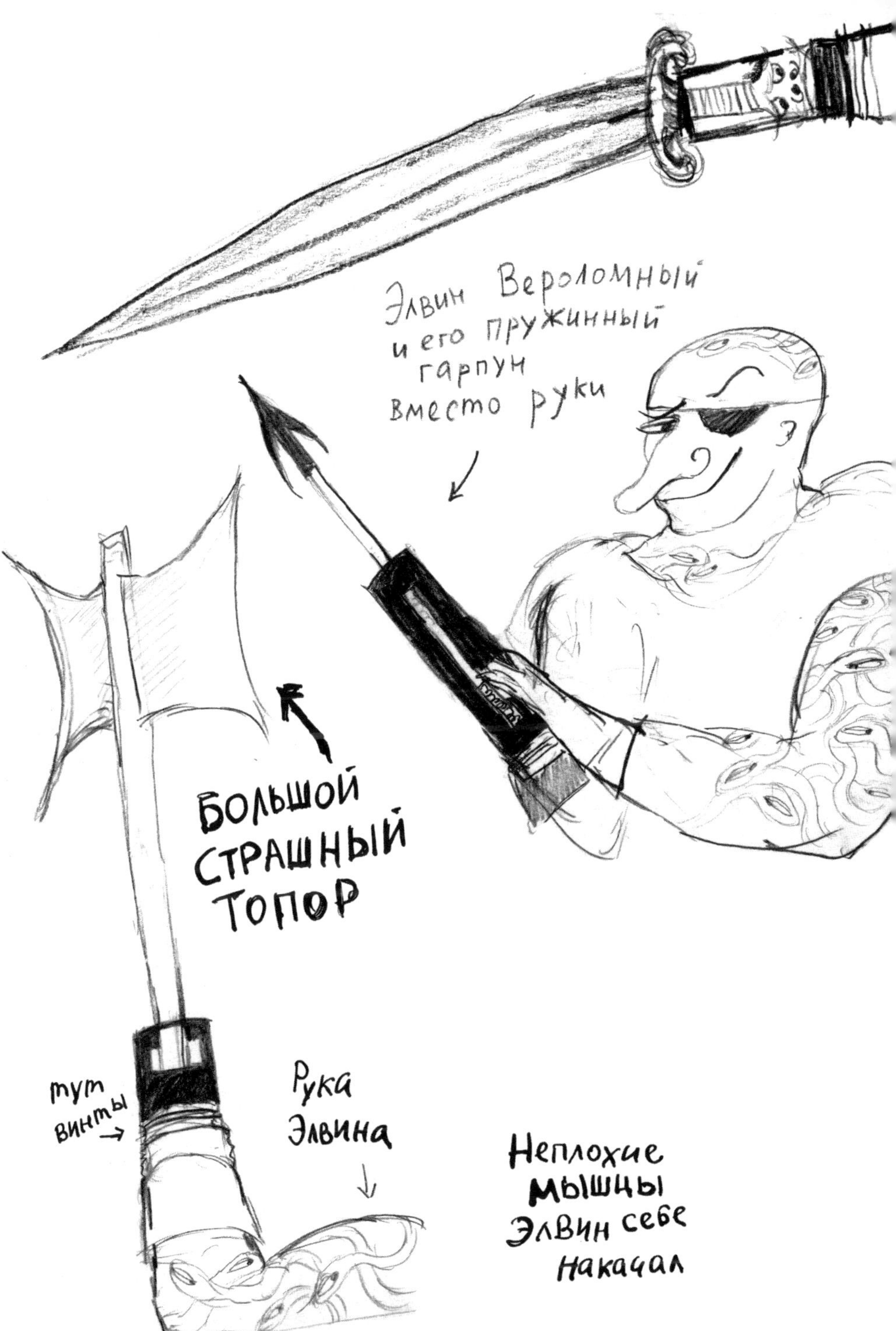
Элвин Вероломный
и его пружинный
гарпун
вместо руки
Большой
страшный
топор
тут
винты
Рука
Элвина
Неплохие
мышцы
Элвин себе
накачал

Недавно Элвина проглотил огненный дракон.
Проглотил — и нырнул в жерло вулкана...

Наверняка даже Элвину не под силу
выбраться из такой переделки,
чтобы снова взяться за старое?

Читайте следующий том мемуаров
Иккинга Кровожадного Карасика III!

~ СОДЕРЖАНИЕ ~

Коуэлл К.

К 73 Как одолеть дракона : повесть / Крессида Коуэлл ; пер. с англ. А. Кузнецовой. — СПб. : Азбука, Азбука-Аттикус, 2015. — 256 с. : ил. — (Как приручить дракона).

ISBN 978-5-389-07436-1

Иккинг Кровожадный Карасик III — единственный викинг, который любит книги. А поскольку книг на острове Олух почти нет, он пишет их сам. Иккинг как раз работал над пособием для начинающих героев «Как одолеть дракона», когда ему пришлось отправиться в Остолопскую публичную библиотеку. Вот уж где книг видимо-невидимо! Жаль только, библиотека — одно из самых охраняемых мест Варварского архипелага. Мало кому удается прикоснуться к ее сокровищам...

В этой книге вы найдете также подробные описания некоторых видов драконов и наиболее полный на сегодняшний день человечье-драконий словарь.

Впервые на русском языке!

УДК 087.5
ББК 84(4Вел)-44

Литературно-художественное издание

Для среднего школьного возраста

СЕРИЯ «КАК ПРИРУЧИТЬ ДРАКОНА»

КРЕССИДА КОУЭЛЛ

КАК ОДОЛЕТЬ ДРАКОНА

Ответственный редактор *Нат Аллунан*
Редактор *Анастасия Кузнецова*
Художественный редактор *Татьяна Павлова*
Технический редактор *Валентин Бердник*
Корректоры *Лариса Ершова, Маргарита Ахметова*
Компьютерная верстка *Валентина Бердника*

ООО «Издательская Группа „Азбука-Аттикус“» —
обладатель товарного знака АЗБУКА®
119334, Москва, 5-й Донской проезд, д. 15, стр. 4

Филиал ООО «Издательская Группа „Азбука-Аттикус“»
в Санкт-Петербурге
191123, Санкт-Петербург, Воскресенская наб., д. 12, лит. А

ЧП «Издательство „Махаон-Украина“»
04073, Киев, Московский пр., д. 6 (2-й этаж)

Знак информационной продукции
(Федеральный закон № 436-ФЗ от 29.12.2010 г.): 12+

Подписано в печать 30.10.2014. Формат издания 60×90 1/16.
Гарнитура WarnockPro. Печать офсетная. Бумага офсетная.
Усл. печ. л. 16. Тираж 4000 экз. Заказ № 4775/14.

Отпечатано в соответствии с предоставленными материалами
в ООО «ИПК Парето-Принт».
170546, Тверская область, Промышленная зона Боровлево-1,
комплекс № 3А
www.pareto-print.ru

CKPD1543902R

Открытый океан
Небесный погост
Гора Душегубов
(Здесь живут чудовища:
Моредраконус Гигантикус,
Злокоготь, Смертедых)
Душегубские горы
Последний приют
Мародёрская гавань
территория Воителя
Риф
Где-то там Америка (если есть)
Летнее Течение
Завтра